敦煌拳艺系列丛书

敦 煌 拳

李新龙　王建国　陈毕栋　陆克珠　主　编
叶　菁　张玉萍　陈维新　刘华梅　王建军　副主编

中央广播电视大学出版社·北京

图书在版编目（CIP）数据

敦煌拳/李新龙等主编 . —北京：中央广播电视大学
出版社，2016.1（2017.9重印）
（敦煌拳艺系列丛书）
ISBN 978 - 7 - 304 - 07682 - 5

Ⅰ.①敦… Ⅱ.①李… Ⅲ.①拳术 - 基本知识 - 中国
Ⅳ. G852.19

中国版本图书馆 CIP 数据核字（2016）第016909号

敦煌拳艺系列丛书

敦 煌 拳

DUNHUANG QUAN

李新龙　王建国　陈毕栋　陆克珠　**主编**

叶　菁　张玉萍　陈维新　刘华梅　王建军　**副主编**

出版·发行：中央广播电视大学出版社

电话：营销中心 010 - 66490011　　　　总编室 010 - 68182524

网址：http://www.crtvup.com.cn

地址：北京市海淀区西四环中路45号　　邮编：100039

经销：新华书店北京发行所

策划/责任编辑：夏亮　　　　　　版式设计：夏亮

责任校对：宋亦芳　　　　　　　　责任印制：赵连生

印刷：北京市平谷早立印刷厂

版本：2016年1月第1版　　　　　印数：5310~6559

开本：787mm×1092mm　1/16　　　2017年9月第3次印刷

印张：10.5　字数：230千字

书号：ISBN 978 - 7 - 304 - 07682 - 5

定价：25.00 元

"敦煌拳艺系列丛书" 序

敦煌莫高窟被誉为东方佛都，是丝绸之路上一颗璀璨的文化明珠，是中西文化碰撞交流、多元融合发展的遗存，是一段特殊的民族历史文化记忆。

莫高窟现存的 492 个洞窟中，保存着十六国、北魏、西魏、北周、隋、唐、五代、宋、西夏、元、清、民国等时期的壁画 45 000 多平方米，是一座博大精美、无可比拟的历史画廊和一座世界上最宏伟的"墙壁上的图书馆"。1900 年发现的莫高窟藏经洞，保存有 4 ~ 11 世纪的佛教经典、经济文书、文学、科技、史地资料以及帛画、纸画、织染刺绣等文物 5 万多件。

敦煌莫高窟壁画、藏经洞，成就了一门世界性显学——敦煌学。敦煌学以其博大精深的特殊魅力，吸引着全世界的目光。敦煌武学是敦煌学重要的分支之一，其中敦煌拳艺文化具有代表性。

敦煌拳，并不是指流行在敦煌地区的武术，而是武术研究者从敦煌莫高窟壁画、雕塑中存有的军事和体育方面的珍贵画面和史料中，结合武术套路开发出来的、独立的专业门类。

敦煌拳是敦煌武艺各套路的母拳和基础，是由原甘肃省武术协会主席、著名武术家王得功先生创研的。20 世纪 90 年代初，他深入莫高窟考察、临摹、研究，以敦煌壁画、雕塑造型为功架，以竞技武术为外形，以兰州地方拳意韵为基础，以通背拳劲道为风格并吸收太极连绵舒缓的特点，采用移植柔和、融会贯通的方法，取众家之长，反复推敲，磨合演练，将壁画中的摩诘献书、阿修罗撩腿、四天神托马、飞天散花、劳度叉斗、反弹琵琶等动作巧妙融合，创造出动作古朴，拳猛势烈；造型优美，飘洒大方；刚中寓柔，柔中寓刚，既展示了西域古老敦煌拳威武剽悍的阳刚之气，同时又饱含着天女翩翩起舞的阴柔之美的敦煌拳。敦煌拳以其浓郁的东方神韵和独有的风貌屹立于全国武林丛中，独树一帜。

1992 年 8 月，第一套"敦煌拳"正式面世，在"首届中国兰州丝绸之路艺术节"的开幕式上，由 160 人组成的方队第一次向中外来宾表演了走下壁画的敦煌拳母拳第一套二路，成为首届丝路节最大的亮点，博得了武术爱好者和中外宾客的一致好评。之后，王得功先生将竞技拳、兰州手臂拳、披挂拳、翻子、八极、戳脚等的拳理拳法进一步融合，使其"形似敦煌壁画，神通传统拳艺"，陆续创编出了敦煌基础拳、敦煌健身拳等套路以及敦煌刀术、剑术、枪术、棍术、铲枝等。

遗憾的是，随着那届艺术节的帷幕落下，王得功先生的敦煌拳艺也渐渐地泯灭在人们的记忆中了。除了韩国、日本等国家和香港地区武术界邀请王得功先生进行民间讲学、交流外，在国内、省内竟没有像大型舞剧《丝路花雨》那样长盛不衰。但是，王氏敦煌拳艺就如同黄河边牛肉面文化一样，默默地在民间传承生长着。

2013年，兰州文理学院被甘肃省确定为为甘肃文化大省建设培养文化、传媒、旅游、艺术类实用型专门人才的高校。在优化专业结构，突出办学特色的学科专业建设中，提出了传承、保护、挖掘敦煌拳的建设方案。遗憾的是，王得功先生已经辞世。最后，与王得功先生的第一代传人、次子王建国洽谈，聘请他为我校高级教练。并且聘请了敦煌学方面的专家，以体育系武术教师为主组成了研究队伍，系统挖掘、整理、研究敦煌拳艺。

2014年元月，兰州文理学院敦煌拳艺文化研究所正式成立。学校决定，敦煌拳正式纳入我校学生公共体育课课程。同年5月，学校春季田径运动会，由我校300多名学生组成的敦煌拳表演队伍正式表演了敦煌拳。美术系教师为表演设计了专门的服装，音乐系教师创作了敦煌拳表演伴奏音乐。这标志着我校敦煌拳传承保护已取得可贵的成果。

兰州文理学院敦煌拳艺文化研究所的成立，填补了甘肃省对敦煌拳艺的研究空白。研究所以"敦煌拳"的文献、教学、出版、影音、交流等传承与保护方面的挖掘工作为主体，通过对"敦煌拳"调查、整理和挖掘，形成了以"敦煌拳艺文化"为主体的文献、教学、出版等综合性的研究体系。目前，研究所的李新龙、陈毕栋、陆克珠、王建国主编的"敦煌拳艺系列丛书"之一的《敦煌拳》要正式出版与读者见面了，在付梓之际，我向他们表示祝贺，并希望研究所的老师们再接再厉，继续努力，让以敦煌拳艺为代表的敦煌武学更加璀璨瑰丽，为提升甘肃省文化遗产传承保护和文化创新发展能力贡献智慧。

是为序。

汪建华

前　言

　　为了全面贯彻落实《中共中央国务院关于深化教育改革全面推进素质教育的决定》《全国普通高等院校体育课程教学指导纲要》的精神，促进大学生身心健康，弘扬传统体育文化，促进高校体育更好地适应社会多样化和向多学科、多领域进行探索的需求，我们通过多年不断的技术实践和文献研究总结编撰了《敦煌拳》一书。

　　敦煌拳主要以敦煌莫高窟壁画经变图中的飞天散花、四天神托马、太子比武图、劳度叉斗、阿修罗撩腿、维摩诘献书、反弹琵琶等为基本内容，动作充分体现了粗犷雄健、遒劲有力、刚中寓柔、姿势古朴别致的风格特点，是中国武术各门类之中新整理、挖掘、研发的，具有健身强身、陶冶情操、塑造性格、防身自卫等功能，具有形神兼备、内外兼修，独特的中国传统体育项目；是在武术家们研究、分析举世瞩目的敦煌黄籍记载和敦煌壁画留存资料的基础上，结合甘肃传统武术而挖掘整理出来的拳术。它与我国南北各种武林拳术相辉映，具有粗犷、刚劲、健美、雄壮等明显的西北地域特色。它以浓郁的东方神韵和独有的风貌立于全国武术之林，别致新颖，独树一帜。

　　20 世纪 90 年代初期，王得功先生开始对敦煌拳艺挖掘、整理、研究，在对莫高窟壁画和敦煌研究院所收藏壁画资料中的各种吐纳导引的经变图进行分析、研究和参阅《敦煌壁画中所见的古代武艺及其他》《敦煌莫高窟拳艺史料考察导引》等文章的基础上，经过系统的实地考察、人物专访、资料研究等工作，得出：莫高窟壁画中的拳艺与流行在甘肃的某些传统拳艺在武姿上有相同之处。后以壁画中所得到的有关拳艺史料为依据，借鉴中国长拳的风格特点，吸取甘肃地方拳种的劲力，集思广益，反复推敲，多次演练，逐步创立了敦煌拳母拳套路，别致新颖，独有神韵。2012 年 10 月"敦煌拳"取得中华人民共和国国家版权局著作权登记证书。"兰州振兴地方拳艺研究中心""兰州文理学院敦煌拳艺文化研究所"等敦煌拳艺推广基地先后成立。

　　随着时代的进步和竞技武术的迅猛发展，我们发现，敦煌拳有许多价值和作用是竞技体育、西方体育项目所不能替代的。要使敦煌拳的发展更加科学化和社会化，更好地服务于人民，满足人民群众强身健身、娱乐身心、修身养性、自卫防身的需求，就必须进一步继承和弘扬敦煌拳艺，大力开展敦煌拳文化研究，探讨敦煌拳发展的思路和途径，并以此通过敦煌拳的教学与实践的研究，不断促进敦煌拳的传承和可持续发展。

全书共分为八章，第一章对敦煌拳的概念、内容与分类、特点与作用及敦煌拳的文化内涵进行了分析介绍，以便读者对敦煌拳有一个整体的认识。第二章重点介绍了敦煌拳的教学理论，从教学的基本思想、基本要求以及教学计划的制订为读者提供学习指导。第三章介绍了敦煌拳教学实践的方法，包括教学实践的安排、教学实践的创新、教学实践中应注意的问题，为读者提供了较好的实践指导。第四章、第五章详细介绍了敦煌拳的基本技术的教学与实践、套路技术的教学与实践，这些技术动作的呈现，为读者直观地学习敦煌拳奠定了良好的基础。第六章介绍了实践过程中伤病的预防、治疗及营养的合理搭配。第七章主要介绍了敦煌拳练习者所必需的身体素质和心理素质。第八章详细阐述敦煌拳的比赛规则与裁判的标准与方法。

本书由李新龙、陈毕栋、陆克珠、王建国编写，全书由李新龙统稿和校对。

动作插图由王建国、赵喜平、马臻绘制。

敦煌拳艺创始人王得功先生入室弟子董小涛、第一代传人王建中、王素君等对动作图片进行了审稿。

本书在撰写过程中，得到了兰州文理学院汪建华校长的亲自指导和大力支持，得到了兰州文理学院教务处、文学院、音乐舞蹈学院、艺术学院等单位同仁的关心和帮助，还得到了中央广播电视大学出版的大力支持，在此表示深深的谢意！同时，本书参考和借鉴了众多相关资料，向其作者深表谢意！

由于时间和能力所限，在借鉴、继承、探索中编写和出版这本教材，不妥之处在所难免，恳请广大读者批评指导。

编 者

目 录

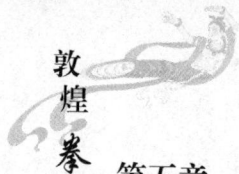

第一章　敦煌拳概述

敦煌拳是在实地考察敦煌壁画和收集、分析、研究敦煌黄籍记载以及敦煌壁画留存资料的基础上，经过武术家们的研究、探索，再结合甘肃传统武术而挖掘、整理出来的拳术，它与我国南北各种武林拳术相辉映，有着粗犷、刚劲、健美、雄壮等明显的西北地域特色。敦煌拳是以技击动作为主要内容，以套路、格斗为运动形式，注重内外兼修的中国传统体育项目。

第一节　敦煌拳的概念

一、敦煌拳的基本概念

在我国历史上，武术在不同时期曾有过不同的称谓，如西周以前称"拳勇""手搏"，春秋战国时称"技击""角抵"，汉代以后，"武艺""技击"广为采用。"武术"一词最早见于南朝梁武帝长子萧统所编的《文选》中，有诗句为"偃闭武术，阐扬文令"，意即停止武战，发扬文治，后逐渐演化为强身之术的专门用语，清末民初开始广泛应用。1926年被正式定名为"中国武术"。时值中国尚处于半殖民地半封建社会，面对西方文化的侵入，国内一度兴起提倡"国粹"的思潮，武术也被誉为"国术"。当今，在中国台湾及一些国家和地区的华人、华侨中仍沿用"国术"这一名称。1949年中华人民共和国成立后，武术作为民族体育项目明确称之为"武术"。

敦煌拳发轫于世界罕见的九大文化遗址之一的敦煌莫高窟佛教艺术壁画，是中国武术各门类之中新整理、挖掘、研发的，具有健身强身、陶冶情操、塑造性格、防身自卫等功能的，内外兼修的，优秀的中国传统体育项目。动作充分体现了粗犷雄健、遒劲有力、刚中寓柔、姿势古朴别致的风格特点，它以浓郁的东方神韵和独有的风貌立于全国武术之林，独树一帜，采用移植融合，博众之长，展现了古老西域的威武彪悍的阳刚之气，又阐释出了天女翩翩起舞的阴柔之美。

首先，敦煌拳是中国传统的技击术。

敦煌拳吸取了甘肃流行的通备拳系及地方拳种的长处，以莫高窟壁画中的动作为基本，采取移植融合的方法，融会贯通，推陈出新，是一项实用技击术。随着不断总结、发展和适应需求，敦煌拳从形式到内容都有很大的变化，但是技击这一精髓却万变不离其宗，无论是套路还是格斗，都离不开攻防技击，这一特性使它既有别于舞蹈、杂技等人体运动形式，也有别于体操等体育项目。从这一观点出发，我们可以肯定，敦煌拳是一种中国传统的技击术。

当然，技击并不是我国所独有的，它是人类从本能需要到文明需要必然出现的技能和文化，如世界各地的角斗、拳击、击剑、泰拳、空手道、跆拳道、桑勃、摔跤等，也具有技击攻防的属性。而敦煌拳技击术是我国古代人民在自己的土地上，以自己的实践，按照自己的需求，总结出了自己的传统技击术，历经习武者的揣摩研究，才形成了富有华夏民族地方特色的敦煌拳技击术。

其次，敦煌拳是民族传统体育。

敦煌地区在古代聚居众多以游牧狩猎为生的民族，由于恶劣的生存环境，致使当地各民族形成一种强悍、勇猛、好武的习性，并创造了特殊的物质文化和精神文化。当地民族还盛行一种自然崇拜和祖先崇拜融为一体的宗教仪式，如：四时八节祭鬼神的风俗、驱鬼逐疫的风俗等。就在这种酬神又娱人、既是礼又是乐的民族观赏性的审美健体活动中，武术基因得到了孕育、提炼、聚合，最终发展成为一种带有浓烈民族文化精神和文化内涵的人体运动的典范——敦煌拳艺。

敦煌拳主要是以套路和对抗的形式表现。套路运动把技击方法合理地串连起来，并根据人们的审美情趣加以美化，注重韵律节奏的变化；还根据人的体能状况，充分考虑到运动量与强度的关系，在演练中既体味到传统技击术的攻防含义，又得以强身健体、娱乐身心。另外，敦煌拳还采用诸如散手的对抗形式来表现其实际运用的功能。体育的性质决定了敦煌拳必须摒弃实用技击术中致人伤残的技法，转而采取保护措施，以最终达到对抗双方进行体能、智能、技能较量的目的。

最后，敦煌拳是中国优秀的传统文化。

在理解敦煌拳概念时，绝不能仅仅把它看作是一种技术技能或人体运动，还应从文化属性角度认识它丰富的文化内涵。固然，任何一种技能、一个体育项目都含有其文化意义，但均不能像敦煌拳那样与自己的传统文化有着如此紧密的联系，也不能像敦煌拳那样具有如此巨大的文化包容量和文化负载能力。在人类文明的进展中，敦煌拳的独特性与它的文化氛围是分不开的。实质上，敦煌拳始终是在传统文化的氛围中生存、发展的。中华民族独特的思维方式、道德观念、审美情趣、心态模式、价值取向以及人生观、宇宙观等在敦煌拳中都有集中的反映。如传统哲学思想对敦煌拳的渗透与溶入，使之确立起它的基本风格。其中以"道"为追求的最高境界，同人与自然、社会高度和谐的"天人合一"观，均决定了敦煌拳超越形体形式而追求人生之理的趋向。以"求善"为目的的传统伦理文化范型，决定了尚武必须崇"德"。这既是行为的准则，又是实践的标准，以致成为敦煌拳的宗旨。

敦煌拳超越了以体能形态为主的竞技的西方体育。它是中国文化在人体运动中的表现和载体，从一个侧面辉映出东方民族文化的光彩。敦煌拳的创编成功，犹如明珠破土脱颖而出，形成了具有丰富内容和鲜明风格特点的优秀传统武艺。

总的来说，敦煌拳是我国传统拳术，归属于传统的民族体育，又是民族文化的一部分。广义上的敦煌拳，是一种包含实用技击的人体文化；狭义上的敦煌拳，是一种体育运动，包含套路和格斗两种形式。

二、敦煌拳的起源与发展

（一）敦煌拳的起源

敦煌是中国丝绸之路的黄金地段，是历史闻名的古战场之一，是甘肃闻名世界的黄金旅游胜地。甘肃人民素有尚武之风，在长期的发展传承中形成了具有丰富内容和鲜明特点的拳术，敦煌拳是甘肃武术，是从敦煌壁画中走下来的武术。

敦煌拳的产生与敦煌石窟壁画及流行在甘肃地域的传统武术有着密切关系。敦煌壁画，内容宏博，堪称我国古代人民社会生活的百科全书，是形象的活化石史册。它以其无比的文化价值、艺术价值、学术价值而闻名于世，为世人惊叹瞩目。

敦煌石窟（包括莫高窟、西千佛洞和安西榆林窟）始建于前秦建元二年（公元366年），上起十六国，下至元代，连绵约千余年。现存492个洞窟，保存历代壁画五万多平方米，塑像二千余身，唐宋木构建筑五座。敦煌艺术中，数量惊人的壁画，无疑是宝库中的重要部分，其中有许多我国古代体育的珍贵画面，它包括古代拳术、射箭、举重、技巧、摔跤（相扑）、马术、博弈、游戏、舞蹈等各种形式的民族体育活动。

在壁画及经文中反映敦煌拳这方面的形象内容很多，如：释迦牟尼拜武士觉善习武三年，坐禅六年，掌握了拳术的攻防绝招，力大无穷，修炼了很深的功夫。在隋代之前莫高窟就有了敦煌拳的传授与传播，清代中期至民国的200多年间，敦煌民族文化活动中的社火就有劈叉、拿鼎、扫腿、倒翻滚、乌龙绞柱等高难的动作。耍狮子时由武士做各种跌扑、滚翻、搏斗等姿势，以及打狗熊作为武功表演，施展棍棒拳术，打滚配合，紧张热烈。今天我们在敦煌壁画中能看到许多这样的壁画，如敦煌莫高窟藏经洞的《相角图》、290窟的《相扑图》、175窟唐代的《对练图》、61窟五代的《舞剑图》、249窟顶的《力士捧摩珠》《阿修罗》等都是当时民间武事活动的反映。《敦煌遗书》中的曲词歌曰："敦煌古往出神将，感得诸蕃遥钦仰"；"少年将军佐圣朝，为国扫荡驱狂妖""手执钢刀亮如雪"等。可以了解当时人们生产生活状况的信息，在汉唐之时，敦煌尚武之风非常兴盛，既有义薄云天的侠客，又有春风得意的少年"将军"，战争存在的必然就是人们对军人的崇拜，对军事技术的普及，进而逐渐形成了独特的进攻技能。

（二）敦煌拳的发展

在整个中国历史上，敦煌不仅是西域通向中原的门户，而且成为管辖西域的军事中心。敦煌，据东汉史地学家应劭的解释："敦，大也，煌，盛也"，即"盛大辉煌之意"，以敦煌命名此拳，寄意在继往开来，发扬光大中华武术之精华。

在敦煌壁画上站立了千年的敦煌拳，正逐渐地走下壁画。从20世纪开始，敦煌莫高石窟中的拳艺史料已得到学者的重视和研究，敦煌壁画中的拳艺动作引起了甘肃武术界王得功等名家的关注，其认为，冷兵器时代的战争，士兵的武技水平高低至关重要，军事武技为民间武术提供物质基础，随着历史的演变，将士们应运产生了攻防招式。他在考察中主要对莫高窟壁画和敦煌研究院收藏壁画资料中的有关武勇、武艺、武舞、舞技、气功内养、吐纳导引的经变图进行分析和研究；而且对《敦煌壁画中所见的古代武艺及其他》《敦煌莫高窟敦煌拳史料考察导引》等文章进行研究。考察得出了一个初步结论：莫高窟壁画中的拳艺与流行在甘肃地域的传统武术有着密切的关系，人们透过壁画上的宗教色彩之后，发现流行在甘肃的某些传统拳术如撕拳、登州锤、单拳类等与壁画中的武姿有相同之处。拳术中的脚型如"提鹤腿""提胯腿""踩桩腿"等，提腿屈膝时脚尖勾起，与壁画中腿盘提、脚勾之状无异。手型如八字掌，与壁画的拳艺掌型，印证相合。专家们以壁画中所得到的有关拳艺史料为依据，借鉴中国长拳的结构、风格、特点，吸取甘肃流行地方拳种的手形、步形、脚形、身形、平衡和通备奉系的劲力，采用移植融合，融会贯通的方法，取众家之长，集思广益，反复推敲，多次演练，终于在1992年形成了敦煌拳及其系列套路的创编。并在1992年首届丝路会的开幕式上，省武术协会组织了160人的大方队，向中外来宾表演了走下壁画的敦煌拳，别致新颖，独有神韵。2012年10月"敦煌拳艺"取得中华人民共和国国家版权局著作权登记证书。建立了敦煌拳艺推广基地，成立了"兰州振兴地方拳艺研究中心"和"兰州文理学院敦煌拳艺文化研究所"。

第二节　敦煌拳的内容和分类

敦煌拳内容非常丰富，本书将按其运动形式进行分类，将敦煌拳分为套路运动和格斗运动两大类。

一、套路运动

套路运动是指以技击动作为内容，以攻守进退、动静疾徐、刚柔虚实等运动变化规律为依据而编成的组合及整套练习。按照练习时的人数多少，又可分为单练、对练和集体演练。

单练：是指个体独自进行套路练习的方式。

对练：是指在单练基础上，两人或两人以上，在预定条件下进行的假设性攻防练习的套路形式。

集体演练：是指多人徒手同时进行演练的套路形式。练习时可变换队形，可用音乐伴奏，要求队形整齐，动作协调一致。

目前通过挖掘、整理的敦煌拳套路主要有：敦煌拳、敦煌健身拳 、敦煌鞭杆和敦煌刀、剑、棍。

二、格斗运动

格斗运动是两人在一定条件下按照一定的规则进行斗智、较力、较技的实战攻防格斗。

敦煌拳的格斗形式主要是散打。

散打：散打又称散手，古称手搏、白打等，是两人按照一定的规则，使用踢、打、摔、拿等技术，进行进攻、防守及反击，以求战胜对方的项目。

第三节　敦煌拳的特点和作用

一、敦煌拳的特点

敦煌拳对人体健康有多方面的影响，可以全面地促进人的身体健康水平。具体来说，敦煌拳具有以下特点：

（一）内外兼修、"武""健"并重

敦煌拳是"武""健"并重的，与其他运动相比，对人体各个肌肉群的相应运动中枢之间的协调关系要求较高，而锻炼方法也有所不同，注重"内"与"外"的整体修炼。所谓内，即心、神、意、气等内在的心智活动。所谓外，即手、眼、身法、步等外在的形体活动。运动中，其形体必须是立腰凸臀，屈肘叠腕，身法自然。其心智必须是排除杂念，达到心动形随，意发神随，心与意合，意与气合，气与力合；手到，眼到，身到，步到，一动无有不动，一静无有不静，周身上下无处不合，无处不动，浑然一体。

（二）具有广泛的适应性

敦煌拳不仅锻炼价值高，而且内容丰富、形式多样，不同的套路有着不同的动作结构、技术要求、运动风格和运动量，它不受年龄、性别、体质、时间、季节、场地和器材的限制，人们可以根据自己的需要和条件，选择合适自己的套路来进行锻炼，这也给开展群众性的体育活动提供了方便条件。

（三）富有浓郁的艺术色彩

敦煌拳不仅有健身和技击价值，而且富有浓郁的艺术色彩。表现在运动中攻与防、虚与实、刚与柔、开与合、快与慢、动与静、起与伏等交替变化形成强烈的动感、均衡的势态、恰当的节奏、和谐的韵律，使人百看不厌。就单个动作而言，讲究上、中、下

三盘错落，高有鹰击长空的气概，低有鱼翔浅底的雅趣，忽地凌跃而起，忽地又伏身而下，似长风出谷，若燕子抄水，妙不可言。其套路运动变化，讲究动之如涛、静之如岳、起之如猿、轻之如叶、重之如铁、缓之如鹰、快之如风等，充满着矫健、敏捷、洒脱、舒展而遒劲的美。既展现了西域敦煌拳威武剽悍的阳刚之气，同时又饱含着天女翩翩起舞的阴柔之美。

（四）以攻防实战的动作为基本内容

敦煌拳仍以体现攻防实战方法的动作为基本内容。如：各种手法、腿法、摔法、跌扑滚翻等动作，每一个动作都暗含着不同的用意。因此，通过练习，不仅能强壮身体、娱乐身心，还能锻炼防身自卫的能力。

敦煌拳锻炼对人的力量、耐力、速度、灵敏、柔韧等各种身体素质都有良好影响，不同的人可以根据个人不同的爱好和条件，选择适合自己的动作内容进行锻炼，以达到更好地增强体质的目的。

二、敦煌拳的作用

敦煌拳具有强身健体、防身御敌、修身养性、娱乐观赏等多方面的作用，是人们增强体质、振奋精神、陶冶情操的一项优秀的民族传统体育运动。

（一）树立健康意识，增强体质，建立终身体育观念

在当代社会，人们把健康视为人生大事，这是社会文明程度发展到一定阶段所形成的社会共识。人们对健康的理解不再是没病就是健康，而是从身心两方面的协调发展来认识。敦煌拳中"内外兼修"的保健思想对人们树立健康意识很有帮助，它强调对人体身心的全面锻炼，即外练能强筋骨，利关节，壮体魄；内练能通经脉，调精神，理脏腑，内外兼修，内壮外强的哲学保健思想普遍被人们所认识。对人心理上提出保持乐观情绪、平常心，使人在为人处世、社会交往中寻求一种和谐的方式，因而调节人的精神和情感，使人的身心协调一致，促进人健康的发展。

（二）攻防技击，防身自卫

敦煌拳具有攻防技击的特点；讲究的是踢、打、摔、拿等动作；练就的是手、眼、身法、步，精神、气、力、功。追求的是动如涛、静如岳、起如猿、落如鹊、站如松、立如鹤、转如轮、折如弓、轻如叶、重如铁、快如风、缓如鹰"十二形"的精神境界。通过习练敦煌拳，不仅可以掌握各种踢、打、摔、拿等技击方法，还可以发展身体的灵活性和反应能力。持之以恒地练习敦煌拳不仅能增长劲力和功力，还能提高身体的抗击打能力和对抗搏击能力。

（三）塑造性格，培养道德情操

敦煌拳具有典型的东方传统文化特质，注重内在的深化，重礼仪，讲道德，并且偏重于全面人格的内在修养，既具有广博而扎实的科学文化知识，更具有健康身心强烈的使命感和积极进取的人生态度。敦煌拳强调人与自然、人与社会、人体内外的和谐统一，追求人与自然融合的"天人合一"的哲学思想，这对当代社会培养全面合格的人起到潜移默化的作用。"未曾学艺先学礼，未曾习武先习德"培养人的道德品质是敦煌拳的传统，武德教育是对人格培养、精神品德教育的重要部分，通过练武习德，可以培养尊师重道、讲理守信、见义勇为等良好的心理素质和高尚的道德情操。

（四）娱乐观赏，丰富生活情趣

敦煌拳以变化多样的运动形式和丰富的文化内涵充实着人们的生活。敦煌拳具有很高的审美价值。它展示的是"形"的美，或勇猛剽悍，雄健有力，或潇洒如云，吞吐自如；或轻灵柔和，连绵不断；或道劲势刚，舒展大方，带给人们以美的的形体感、节奏感、协调感。人们在观赏或自我演练中享受到形的飘逸，神存的韵味，给人一种奋发向上的启迪，充实了人的精神，人们从敦煌拳演练中获得身心的愉悦，从敦煌拳的观赏当中获得艺术美的享受，丰富了人们的文化生活。

第四节　敦煌拳艺文化与创新策略

一、敦煌拳的文化魅力

（一）注重武德与武艺的统一

中华传统武术武德观念最为鲜明地表现为"德"与"艺"的统一。中国传统文化历来提倡社会和个人道德理想的实现。无论是儒家还是道家都将追求个人的自我完善看作生命价值之所在。有"礼仪之邦"之称的中华民族，在其创造的文化中，道德水准常常被作为评价社会进步和发展的标准。敦煌拳受其影响，在长期的发展过程中形成了独具特色的道德要求和评价体系，形成了传统武术文化的一道绚丽的风景线。敦煌拳中很重视对武德的考察，甚至在某种程度上"武德胜过武技"。传统武术谚语中"未曾学艺先学礼，未曾习武先习德"的要求，充分显示了武德教化在拳术传授过程中所表现出的"道德至上"的文化特征。综观我国传统武术的各个项目，均能呈现出东方文明的气质争斗而有礼让，有劲而不粗野，艺纯熟而不玄浮，情饱满而含蓄内向，富于观赏且追求高尚的精神气质。敦煌拳所显示出的美，也具有东方文明的特点，即以优美为主，与西方文明所突出的壮烈、惊险，富于强烈刺激性的审美观构成鲜明的对照。可见，敦煌拳中"德"与"艺"的统一，使敦煌拳在其本质特征之上，又渗入浓厚的理性因素。

（二）注重务实精神和恒久意识

千百年的农业生产方式和生活方式铸就了中国文化的精神，产生了中华民族特有的"务实精神和恒久意识"。而这种精神和意识使得中国文化具有鲜明的"重实际，黜玄想"的特征，形成探索"变易中的不变""有限中的无限"，追求人生、社会、宇宙的永恒、久远的处世观和行为观。敦煌拳谚语中"一日练一日功，一日不练十日空""功到自然成"等就充分展现出先辈在"务实精神和恒久意识"的文化特征影响下形成敦煌拳习练的恒久意识和态度。当然敦煌拳的习练是一个终身修炼的过程，人们对敦煌拳最高境界的追求是无止境的。"拳不离手""拳练千遍，身法自然"就是务实精神的最好写照。敦煌拳的练习者，他们对敦煌拳的钟爱更多的是追求达到一种境界，而这种境界的追求使得他们必须具有一定的恒久意识。他们以习武为己任，视武技为生命，在"艺无止境"的感召下研修不止，体现了我们中华民族强调恒久、务实的精神实质。

（三）注重个人技艺的纯熟

敦煌拳的习练与西方文化追求外在的知识不同，敦煌拳追求成熟内在的人格。敦煌拳术受中国哲学精神的影响，以"天人合一""阴阳之道"为主旨，其目的不是积极地引向外在的显示；而是导向内心的自审。我们练习敦煌拳，不仅讲究一招一式的精确，而且讲究"神韵"。这种神韵，既是个人技艺纯熟的表现，也是外取神态、内表心灵，着重在姿态的意境里显示人格。

（四）淡漠的竞争意识

敦煌拳艺文化倡导"中庸""礼让""不为人先"……形成了一种抑制竞争能力的文化意识和文化心理结构。这种文化意识与文化心理结构同传统的制度文化是一致的。二者的交互影响，使敦煌拳艺文化的发展不仅缺乏竞争意识，而且始终未形成一套完善的竞技原则。目前，敦煌拳作为传统武术项目有其一定的竞技价值，由于整个社会观念和文化氛围难以创造转化的契机，使得敦煌拳走向竞技项目尚需一段时间和创造较多的条件。

二、敦煌拳发展的制约因素

（一）敦煌拳自身的发展弊端

1. 敦煌拳的理论体系不完善

纵观中国武术的发展史不难发现，对传统武术的理论研究是非常有限的，敦煌拳的理论研究更是少之又少。目前传承敦煌拳的拳师，理论知识水平较低，教学方法大都是前辈流传下来的，他们照方抓药，没有理论指导和创新，重技术轻理论，重师传轻创新，这在很大程度上制约了敦煌拳的发展。

2. 市场机制不完善

敦煌拳的市场化历史较短，发展至今，还没有一个完整的市场机制来规范敦煌拳的发展。技术教学是单一的、零散的、不规范的。不建立规范的市场机制，敦煌拳就很难得到真正的发展。

（二）影响敦煌拳发展的客观因素

1. 经济因素

敦煌拳艺文化的发展离不开经济的发展，经济的发展必然带动敦煌拳的发展，经济的发展将会给敦煌拳的推广和发展带来源源不断的推动力。没有经济的飞速发展和增长，就不会有敦煌拳艺的健康和迅速发展。

2. 政治因素

敦煌拳作为一种特殊的体育运动与社会意识形态，产生于一定的社会经济和政治基础之上，因此，敦煌拳作为传统武术文化必然受到政治因素的制约。政治是一根主线，贯穿敦煌拳的发展过程，敦煌拳必须在为一定社会政治服务的过程中才能求得自身的发展。

3. 文化因素

中华文化历史悠久，源远流长。在世界文明发展史上，中华文明是唯一没有中断的文明，其中，源远流长的中华文化起了重要的作用。敦煌拳的产生深深地扎根于传统文化之中，它既是传统文化的有机组织部分，又深受传统文化的影响。

总之，社会各界对敦煌拳的历史、拳艺文化缺乏认识，对敦煌拳的健身、技击、艺术、价值取向等认识不足，对敦煌拳传承保护观念淡薄。目前，敦煌拳虽然取得了一定的成果，但是由于缺少完善的保护机制和有效的保护措施，造成对敦煌拳的理论研究水平参差不齐，挖掘、整理资料的方法、手段单一。更令人担忧的是，在当前的市场经济条件下，人们片面追逐经济利益，优秀的敦煌拳艺传统文化逐渐被放弃，在无意中逐渐流失。

三、敦煌拳创新发展的策略

（一）开放思想，加强敦煌拳自身改革与创新

改革与创新，是敦煌拳修正与发展、规范与延续的必要手段，改革与创新，必须建立在继承、尊重敦煌拳传统技艺的基础上。敦煌拳的发展必须与现代化的发展同行，逐步完善其自身体系和价值体系，创新出大众需要的敦煌拳艺。敦煌拳的创新与发展，应

保存原有内容和价值，挖掘其现代价值，开辟新领域，构建新形式，促进敦煌拳的多样化发展。

（二）重视理论，加强敦煌拳创新体系研究

任何学科的发展离不开理论研究，目前敦煌拳的理论研究明显落后竞技武术理论与实践，构建敦煌拳的理论体系对敦煌拳的发展具有十分重要的意义。首先要用生理学、解剖学、动力学、运动生物力学、现代教育学等现代科学知识诠释拳理。其次要完善敦煌拳的技术体系，在原有的技术体系上，根据练习对象的不同编排不同内容，保持敦煌拳技术的风格特点。最后完善敦煌拳实践指导体系，将敦煌拳的表演性与技击性统一起来，充分表现敦煌拳独特的艺术特征。

（三）加强交流，制定敦煌拳的国家标准，构建敦煌拳现代发展的创新模式

敦煌拳的创新与发展，只有"百花齐放""百家争鸣"，才能使敦煌拳得到全面的发展。加强拳种间的交流，借鉴好的拳种的发展模式，制定统一的国家标准，重视敦煌拳艺文化内涵的发展。争取政府的大力支持，以拳养拳，走实体化的职业道路，面向市场，走产业化、商品化和国际化的发展道路。

第二章　敦煌拳教学理论

敦煌拳教学就是在传统理念和实践经验的基础上，练习者在师傅的指导下，运用各种方式、方法或以一定的模式，为提高身体素质和敦煌拳技艺，强身健体，陶冶性情而进行的专门化的实践活动。

第一节　敦煌拳教学的基本思想

一、天人合一

"天人合一"是我国古代思想的一个基本观点，强调人和外界环境的协调统一。这种思想观念始终贯穿于敦煌拳的教学中。比如，根据季节的不同采用不同的练习方法、一天中宜择时而练、择地而练、因时而变等。还有拳家把"天人合一"的思想，发展为"人身一小天地，天地一大人身""天为一大天，人为一小天"。依据这些思想，制定了一系列人和环境协调发展的整体修炼方法。如内外有序、注重武德修养、讲究形神兼备、内外兼修、内壮外强、内外互导等，处处体现了身形合一、天人合一、人与自然和谐统一的思想。

二、内外兼修

内外兼修是中国传统武术文化的整体思维在敦煌拳的教学方式、方法中的具体体现。如拳谚讲："外练手眼身法步，内修精神气力功"等，都是强调敦煌拳教学中既要注重练人体外形，又要注重练人体内意和内部器官，这样才能做到"内外合一，形神兼备"，才能有效凸显敦煌拳内在的文化意识。在敦煌拳的教学中强调"气走于膜、络、筋、脉，力出于血、肉、皮、骨。故有力者皆外壮于皮骨，形也；有气者内壮于筋脉，象也"。在练习时要沉肩坠肘，气沉丹田，内外合一，身法自然，充分体现敦煌拳的道劲有力、刚中寓柔、柔中寓刚、飘洒大方、造型优美的传统的敦煌拳文化特点。

三、阴阳相合

阴与阳是我国传统道家思想中的一对重要概念，代表着事物内部相互对立和运动变化的两个方面，其对敦煌拳的教学也有着广泛的指导意义。敦煌拳中的内与外、动与静、攻与守、快与慢、刚与柔、虚与实、养与练都是阴阳原理的具体体现。拳谚讲"一阴一阳，拳术尽矣"，而敦煌拳教学要求做到阴中有阳、阳中有阴、阴阳互济、阴阳转换、不偏不倚，这些都说明阴阳相合在敦煌拳教学实践中有着重要的作用。

四、养练结合

"身不健而有所损"为习武之大忌。敦煌拳教学中有"阴练"与"阳练"之分。"阴练"属于"养"的范畴，内容主要是各种养身保健方法和治疗伤病方法。"阳练"是指运劲发力的攻防技法练习。修炼敦煌拳时必须阴阳结合，方能使习武者身体强健、精神饱满、意气奋发，达到良好的练习效果。

五、体用双修

由"体"及"用"，体用结合，是中国传统武术教学实践的固定程式。在敦煌拳教学中，"自己练趟子为之体；与人相较时，按练时而应之为用"。"体"是习武者通过功法、单式、组合、套路的习练，来提高技术、体力、劲力等的个人单练；"用"是在"体"的基础上，通过接近实战的动作，进一步熟练、巩固所学技术的二人攻防对练。"体"是基础，"用"是目的，两者兼有，不能偏废。通过"体""用"结合，达到身形自然、内外双修，充分体现敦煌拳的粗犷雄健、道劲有力的拳艺文化。

第二节　敦煌拳教学的基本要求

一、加强练习者敦煌拳素养的培养

（一）提高练习者对敦煌拳的理解

1. 从敦煌拳的起源和发展开始了解和认识敦煌拳

敦煌拳有着悠久的发展历史，认识敦煌拳的起源和发展可以对敦煌拳的内涵与外延有深入的理解。只有认清了敦煌拳的起源和历史发展才能真正弄清为什么敦煌拳以技击为主要内容，为什么敦煌拳会有套路和格斗的运动形式，为什么敦煌拳具有内外兼修的文化特色。

2. 深刻理解敦煌拳的作用

练习敦煌拳不但可以强身健体，提高自卫能力，培养良好的心理素质和高尚的道德情操，同时敦煌拳运动具有很高的观赏价值，还可以丰富文化生活。

3. 了解敦煌拳运动的特点

敦煌拳具有屈肘叠腕、立腰凸臀、快速有力、节奏鲜明、灵活多变、粗犷雄健、刚柔相济、内外兼修等特点，要充分了解敦煌拳独树一帜的特色，同时，在不改变原有拳种特点的基础上，吸收别的拳种的长处，有利于自身拳术的发展。

4. 加深对敦煌拳发展趋势的认识

对敦煌拳的发展趋势，一种是形成国家标准套路，推向市场，走向国际。另一种是强调敦煌拳的本原价值，即充分发挥敦煌拳中的实战技巧。对敦煌拳发展趋势的这两种看法和态度的科学分析和选择，是敦煌拳共同面临的一个问题。能否找到两者之间完美的结合点，需要我们共同参与去解决。为了促进敦煌拳的健康发展，应该以实事求是的科学态度参与到敦煌拳的研究工作中去。

总之，练习者应该从多方面提高自己的修养，完善自身的知识结构，在发展敦煌拳的同时，提高自己的修养和思想境界。

（二）敦煌拳实践所必需的武德

1. 树立崇高理想

理想是人们在社会实践中形成的，具有现实可能性的、对未来的向往和追求。敦煌拳练习者的崇高理想，应该是振兴中华武术，弘扬民族文化，为敦煌拳走向世界，造福于世界人民和为祖国争光而不懈努力。同时，继承和发扬敦煌拳，为全民健身服务，为推动社会主义精神文明建设贡献力量。理想是每个练习者坚强的精神支柱，是实现人生目标和成就事业的原动力。而要实现自己的理想，必须经过努力奋斗才能达到。

2. 爱国爱民，见义勇为

爱国主义是全国人民为社会主义现代化建设而团结奋斗的力量源泉。1978 年 3 月18 日全国科学大会开幕式上，邓小平同志指出"中国人民有自己的民族自尊心和自豪感，以热爱祖国，贡献全部力量，建设社会主义祖国为最大光荣，以损害社会主义祖国利益、尊严和荣誉为最大耻辱"。练习者更应建立起国家和民族利益高于一切的信念，热爱祖国、热爱人民是他们必需的道德情操。若国家和人民的利益受到侵害时，应奋不顾身，挺身而出。当人民的人身安全受到坏人损害时，应见义勇为，以正当的防卫保护人民群众。当祖国受到外敌侵犯时，更应万众一心为捍卫祖国英勇奋战，甚至献出自己的生命。

3. 修身养性，遵纪守法

武德中的修养主要是指个体行为，其根本乐趣又在于改变自己，以适应和维护社会秩序。在中国传统文化中，"身"是被认为不道德的欲望之体，"性"则是道德的"本我"。因而"身"需要"修"，"性"需要"养"，修身养性的实质就是以"道德我"克服"欲望我"达到道德上的超越。练习者要不断加强自我修养，培养高尚的道德情操和良好的生活作风，坚决抵制资产阶级和一切剥削阶级腐朽思想的侵蚀和污染。当前尤其要清醒地认识和抵制拜金主义和个人主义的影响和腐蚀。在处理事情和人际关系时，决不能见利忘义、见利弃义、唯利是图，甚至损人利己。

遵守法纪是练习者最基本的道德规范，要做到这一点，首先要加强法制学习，增强法制观念，从思想上提高奉公守法的自觉性，并且能够依法办事。在任何情况下都要自觉维护法律的威严和自身的合法权益。同时还应该执行有关部门依法制定的各项规章制度，并勇于同违法乱纪的行为作斗争。练习者要切记任何时候不得自持武力，违法乱纪，逞强斗狠，妄自出手。要树立习武者的良好形象。

4. 文明礼貌，举止端正

我国素称礼仪之邦，有着悠久的道德传统。武术界曾流传着"未曾学艺先识礼""学拳先习礼"的传统。敦煌拳练习者平时的举止要端庄大方，有礼貌。言谈话语要有素养，并做到言必行，行必果，待人处处热情诚恳，和蔼可亲。服饰要整洁得体。在表演竞技、教学实践、敦煌拳艺交往等活动中，都要严格按照武德的行为规范进行操作，表现出个人立身风度，以及容端体正的尚武本色，充分反映习武者的良好素质。

5. 尊师爱生，团结互助

尊师重道是传统美德，敦煌拳练习者应尊敬师长和前辈。不仅在行为举止上要谦和礼下，恭敬从命，更应该聆听教诲，认真实践，好学上进。此外，学友之间应该团结友爱，谦虚谨慎，互相尊重。"以武会友，切磋技艺"，互相学习，共同提高。另外，师生都应该打破门户之见，破除循规保守、固步自封的旧习，搞好团结，取长补短，勇于探索，共同进步。在继承优秀传统的基础上，改革创新。

二、敦煌拳技术实践的要求

敦煌拳技术实践包括基本动作实践、组合动作实践、分段实践、整套实践及攻防技术实践等内容与形式。不同形式和内容的实践要求不同，在实践的不同阶段，实践的要求也有所不同。

（一）单式、组合动作实践的要求

单式、组合动作是组成套路的要素，是套路技术的基础。单式动作分腿法类、跳跃类、平衡类、跃扑滚翻类及由手型、手法、步型、步法等因素组成的各拳种的基本动作等，数个单式连接而成的动作谓组合动作。在基础实践阶段，多采用单式重复实践，在单个动作实践时，应注意两条原则：一是要精选动作；二是要严格练习。

1．精选动作

这是指要选择那些主要的、具有代表性的基本动作进行重点练习。其主要的基本动作按其顺序大体为：拳、掌、勾三种手型，冲、贯、劈、撩四种拳法，亮、推两种掌法，搂勾一种勾法，顶、格两种肘法，弓、马、虚、扑、歇五种步型，行步、击步两种步法，正、侧、外、里四种直摆性腿法，弹踢、侧踹两种屈伸性腿法，后扫一种扫转性腿法，竖、横两种劈叉，提膝、探海两种平衡，翻、转、含、展四种身法。以上动作是各类动作中最基本的、最具代表性的单式动作，这些动作的掌握不仅为学习类似的其他动作提供了条件，也为掌握套路技术奠定了基础。因此，儿童、少年的早期学习，应精选那些具有代表性的基本动作，区别主次，合理进行安排。

2．严格练习

这是指动作选好之后，应对其规格、要领、进行综合分析，抓住特点和关键，在练习中严格要求，精益求精，反复实践，力求正确地、高质量地重复，减少和避免错误动作的再现。在中、高级实践阶段，随着分段、整套练习的递增，单个动作的实践相应减少，但仍应根据个人的不同情况，坚持一定量的单式动作的练习，除基本功和难度动作多采用单个动作练习外，一般则选择个人的特长特选动作，进行反复实践。组合动作实践是进入套路分段、全套练习的中介环节，对掌握动作与动作之间的连接技能、体会节奏、劲力的完整性、深化敦煌拳的意识具有重要意义。组合动作实践一般在基础实践中安排较多，在中高级实践阶段，随着分段实践的增加，相对地减少。

（二）敦煌拳套路实践的要求

敦煌拳套路是由数十个动作组成，套路实践应是在掌握基本功和组合动作的基础上进行的。敦煌拳套路在实践中要求内外结合和动静结合。

内外结合，就是外求形体动作的准确与完整，内求意识指导动作和呼吸的配合，从而达到手、眼、身法、步、精神、气、力、功的完整和谐统一。"动则有法，静则有势"，是要求动作路线方法清晰，无多余动作，静止动作的规格准确。"动中有静，静中有动"，要求在动作运行中心静、体松、气下沉，显示出动作沉稳、流畅而不忙乱，定势的静止动作其内在意识体现在外部要精神饱满，要把这些贯彻于实践全过程，以体现敦煌拳套路的实践特点。

敦煌拳套路实践强调以拳为基础，要在练好拳术的前提下，再学习各种器械和对练。在整套技术实践中，不但要强调功架、劲力、节奏、精神、形象等方面的要求，而且更要注意突出技击特点以及体用兼备的独特风格。

（三）攻防技术实践的要求

进行实用攻防动作实践，要加强练习者的身体素质、基本功和基本动作的练习，加强非对抗条件下的技术练习，切不可操之过急，求打取胜。尤其要注重加强基本功法的练习，如腿功、拍打功、跌扑功等。要由易到难，循序渐进。根据教材内容，科学、合理地安排练习内容和运动负荷。

首先，练习者应加强对基本技术动作的学习。对技术动作的全面解析可以帮助学生建立正确的战术思想，明确完成战术的技术对策，熟悉具体攻防动作的使用和组合作用。

其次，要注重武德教育。攻防技术实践中对抗性强，易出现对立情绪。必须注重武德教育，从一般的礼仪，到具体的技术使用，教师均要做出规定，要求练习者执行。

再次，强化重点技术动作。根据实践计划，练习者应有选择地将不同技法的重点技术动作进行强化练习，从而掌握重点动作，熟练运用重点动作，逐步形成自身技术特点，且不可贪图技术体系的全面，而忽视重点技术动作的支撑作用。

最后，敦煌拳攻防技术实践的目的是为了防身自卫，强健体魄。在实践中，练习者选择的实践内容应注意以防卫型技术动作为主，即使是攻击技术，也要点到为止，更要明示其防身作用。而在实战对练中，应强调防守技术、战术的有效性和重要性。实战双方务必保持高度竞技状态，防止松懈或胆怯而引发的运动损伤。

第三节 敦煌拳实践计划

一、敦煌拳实践计划的概述

实践计划是指每个准备长期从事体育锻炼的个体，依据自身的身心状况和外部环境条件的影响作用而制订的一种定量化的周期性体育锻炼计划。在敦煌拳实践中，为了提高实践的科学性，每一个敦煌拳练习者都应在实践前根据自身条件、练习目的，以及环境和物质条件，进行综合考虑，制订出一个长期稳定而又切合实际的实践计划。

人体的健康水平和锻炼效果不是一两天就能够提高的，它需要长期系统的锻炼才能得到明显的改善和提高。对于敦煌拳练习者来说，体能的改善，要以各生理系统机能的提高为基础，这种生物适应机制要通过有机体逐个细胞成分的改变和代谢能力的提高这一缓慢的过程才能得以实现。因此，对于参加敦煌拳练习的人来说，首先应该有一个系统的锻炼计划，科学的锻炼计划，能够克服锻炼的片面性、盲目性和随意性，同时，也便于检查锻炼的效果，从中总结经验，改进方法，提高质量。

二、敦煌拳实践计划的制订

（一）制订敦煌拳实践计划的科学依据

制订敦煌拳实践计划主要有以下依据：

1. 实践的目标

一般来说，实践计划是围绕现实实践目标而制订的，所以，制订实践计划时必须考虑到实现目标的需要。敦煌拳实践计划都是要依据直接和间接、长期和近期、中期和局部的目标事先进行设计和规划的，因而确定实践目标是制订实践计划前必须完成的一项重要工作。

2. 练习者的个人特点和现实状态

敦煌拳练习者的个人特点和现实状态既是敦煌拳练习者参加敦煌拳实践活动的基本出发点，也是敦煌拳练习者通过一定时间的实践后可能达到的新水平的重要条件。因此，实践计划必须符合敦煌拳练习者的现实状态和特点，这样才能满足实施个体化实践的需求，才能最大限度地提高健身实践的效果。

3. 生物和自然界的节奏变化规律

实践过程是一个复杂而又受多种因素影响的动态变化过程，其中包括人体生物节奏和自然节奏的影响。实践中如能掌握好这一规律，一定会收到明显的效果。

4. 运动实践的客观规律

这主要包括敦煌拳技术的特殊规律、竞技状态的形成与周期性发展规律、重大比赛安排的规律、实践适应与承受负荷和负荷后的恢复以及实践内容与手段之间的相互转移规律。

5. 竞技能力和实践内容的迁移规律

依据各种竞技能力和实践内容与手段之间的迁移规律，合理地安排发展竞技能力的实践内容与手段。此外，依据人体承受负荷时的有限性和无限性规律以及各种竞技能力和能量物质在不同负荷后的恢复规律，合理地安排负荷节奏，科学地实施大负荷实践，有效地提高敦煌拳练习者承受负荷的能力。

6. 实践条件

实践条件是个体从事实践活动的物质基础，同一个运动者在不同的实践条件下，实践结果可能会有明显的差别。

7. 现代科学化实践的发展趋势

运动实践是一个不断的动态变化的控制过程，经常了解各体育学科现代实践的发展趋势，并有效地运用于敦煌拳实践和比赛中，不断地总结和创新，将有利于提高敦煌拳实践的科学性。

（二）敦煌拳实践计划的基本内容

敦煌拳实践计划一般包括以下基本内容：

（1）实践计划的名称。

（2）运动者的现实状态。

（3）实践目标。

（4）各实践计划的时间阶段划分及各阶段的实践任务。

（5）各实践过程负荷的动态变化趋势和负荷变化节奏。

（6）科学地调控实践过程的检测内容、时间及标准。

（7）各实践过程的恢复措施和医务监督措施。

（8）计划的有关补充说明。

（三）制订敦煌拳实践计划的方法

（1）确定实践的目标。实践目标应从主客观实际出发，因人而异，符合本人的实际情况。

（2）合理选择练习内容。实践内容应根据自己的体质和健康状况、兴趣爱好、运动特长、工作特点及环境、季节气候条件等来安排。

（3）合理安排锻炼时间。可以安排早晨 30～60 分钟，晚饭后可做 10～15 分钟轻度、和缓的练习。也可以根据实际情况适当调整时间。运动实践的时间每次应不少于 10 分钟，一般控制在 15～60 分钟，每周安排不少于 3～4 次。

（4）合理安排运动负荷。运动负荷安排是否合理，直接影响锻炼效果。

以下提供运动时部分心率（脉搏）与运动强度的关系，仅供参考。

每分钟脉搏在 160 次的锻炼，运动强度大约是 80%。

每分钟脉搏在 140 次的锻炼，运动强度大约是 70%。

每分钟脉搏在 120 次的锻炼，运动强度大约是 60%。

每分钟脉搏在 110 次的锻炼，运动强度大约是 50%。

对一般人来说，敦煌拳运动时的脉搏控制在每分钟 110～160 次之间为宜。

三、敦煌拳实践计划的基本形式与类型

（一）敦煌拳实践计划的基本形式

根据实践的具体对象及实践的具体方式，可将实践计划分为个体实践计划、集体实践计划、混合型实践计划三种形式。个体实践计划是指为某练习者单独制订的实践计划；集体实践计划是指为由若干运动者集体制订一个内容与安排基本相同的共同实践计划；混合型实践计划是指将集体和个人的实践计划结合起来，既有共同的要求和安排，又有不同个体在各实践过程中的特殊要求和具有混合性特点的实践计划。

（二）敦煌拳实践计划的基本类型

根据实践过程的时间跨度的大小，可将实践计划分为多年实践计划、全年实践计划、阶段实践计划、周实践计划及课实践计划。每一个上位的实践计划都是由若干个下位的（即时间跨度小一级的）实践计划组合而成的，如多年实践计划由 2～10 个年度实践计划组成，周实践计划由 7 天或 3～20 次课的实践计划组成。多年实践计划及全年实践计划主要用于安排较长时间的系统实践，属于具有全局意义的战略性的规划，计划的内容也是框架式的，不需要过于详尽，它在实施过程中要求相对地稳定。周实践计划与课实践计划都是实践实施的具体计划，其内容比较详细，并且在实践中有较多变化，并作必要的调整、修正等。

1. 多年实践计划

多年实践计划是敦煌拳练习者多年实践过程的总体规划。由于多年实践时间跨度从两年到十几年，因此，计划是宏观的、战略性的，计划内容仅是框架式的，如表 2－1 所示。在制订多年实践计划时要准确地估计到运动者的个人特点、年龄、身体发育等情况。在此基础上，确定运动者的特长并指出进一步发展的方向。同时，在实践计划中也要指出运动者实践水平方面的弱点和努力方向，明确一定的锻炼目标。

多年实践计划是一种长期、系统、全面的宏观设计，制订这种计划多是为了明确多年实践指导思想和目标，概括设计多年实践过程各阶段的实践任务、内容、方法以及负荷变化的节奏。

表 2－1　多年实践计划

阶段		启蒙实践阶段	基础实践阶段		专项实践阶段		
			一般基础阶段	专项基础阶段	专项提高阶段	专项最高竞技阶段	竞技保持阶段
年龄（年限）							
时间（年～年）							
主要任务							
实践负荷安排	年实践日						
	年实践课次						
	年实践时数						
	周实践课次						
	日实践课次						
	年负荷节奏						
	专项最高实践强度						
	主要指标实践总量						
一般与专项实践内容比重	一般						
	专项						
专项比赛安排	比赛次数						
	最高成绩						
恢复措施							

2. 年度实践计划

年度实践计划又称全年实践计划，是运动者对一年内进行实践活动的安排。年度实践计划是多年实践计划的细化，但又同时直接控制阶段、周及课的实践计划，是一系列实践计划中最重要的一个计划。年度实践计划与所有实践计划一样，每个实践周期都是按准备期、竞赛期和休整期这三个基本结构周而复始地进行安排，如表2-2所示。年度实践大周期归纳起来主要分为单、双、多周期三种。年度计划通常包括下列内容：

（1）奋斗目标、锻炼指导思想和主要措施。

（2）概要说明运动者的思想、技术、战术、身体、心理等方面的实际状况和主要优缺点等。

（3）锻炼的基本任务、内容、要求及手段，时期的划分，运动负荷的安排以及工作的考核与总结。

表 2-2　年度实践计划

实践者（队）　　实践区间：　　年　月　日至　　年　月　日

制订日期　　年　月　日

内　　容		上年度实践工作情况	本年度实践目标
专项最高成绩及名次			
各主要能力素质指标			
专项技术指标			

20

续表

内　　容		上年度实践工作情况	本年度实践目标
主要比赛与测验全年参加比赛总次数拟安排表演次数			
各实践内容比重%	一般身体实践		
	专项身体实践		
	专项技术实践		
	专项心理实践		
	专项智能实践		
负荷安排	年实践日数/天		
	年实践课次/次		
	年实践时数/时		
	年实践最大强度		
	年实践总量		

3. 阶段实践计划

阶段计划也称中周期锻炼计划，是由同一目的小周期联合组成的阶段性实践，这种阶段实践的持续时间在 3～8 周之间。每个阶段由数个同一类型或不同类型但又很近似的小周期组成，它是锻炼过程中一个相对完整的阶段，如表 2-3 所示。阶段实践计划可根据其功能分为两种类型：一种是作为全年实践过程的有机组成部分的计划，另一种是短期临时集训的计划。前者具有计划的系统性和连续性特征，后者则表现出计划的临时性和独立性特征。

表 2-3　阶段实践计划

实践者（队）_____期___阶段　计划区间：___年___月___日至___年___月___日

总任务		阶段负荷节奏	100— 80— 60—	负荷/%	总实践课次
			40— 20— 0—	周次	总周数
周　　次					
时间___日至___日					
主要实践任务					
各周训练内容比重%	一般身体实践				
	专项训练	专项比赛与测验			
		专项身体实践			
		专项技术实践			
		专项心理实践			
		智能实践			

续表

	主要实践方法与手段及定量指标			
	主要监测指标及定量标准			
负荷安排		实践日数		
		实践课次		
		实践时数		
		专项最好成绩或强度		
		周平均强度/%		
		周平均量/%		
		主要指标实践总量		
比赛、测验及机能素质测定安排				

4. 周实践计划

周实践是由数次实践课组成的，它是实践过程中相对完整而又经常重复的单位。不同类型的实践小周期联合在一起，是组成阶段实践中周期的基础。周实践小周期通常以7天为单位，也有非7天为单位的实践小周期，如表2-4所示。周实践计划是属于临时制订的计划，保证阶段实践计划和年度实践计划能更好地适应复杂多变的练习，尤其现代实践中由于周实践课次和负荷剧增，因此，小周期实践安排的科学性十分关键。周实践小周期的类型主要是根据不同的实践任务来确定的，可分为准备性小周期、比赛性小周期和恢复性小周期。

表2-4 周实践计划

实践员（队）____ 期____阶段第____周 计划区间____年____月____日至____年____月____日

周实践主要任务			负荷/%		周总负荷水平		
		周负荷节奏	100 80 60 40 20		最大 大 中 小 （ ）（ ）（ ）（ ） 约 %		
			1 2 3 4 5 6日				
本周实践日/天			本周实践课次/次		总实践时数/小时		
星期							
每天实践次数							
每日实践主要任务							
实践课安排	早操	时间					
		主要任务内容					
		负荷					
	上午	时间					
		主要任务内容					
		负荷					
	下午	时间					
		主要任务内容					
		负荷					

特殊队员实践任务与内容的安排							
恢复措施							

5. 课的实践计划

实践课是运动实践最基本的组织形式，无论是多年、年度、阶段，还是周实践计划都必须通过课予以实施。实践课的类型是根据实践课的任务和内容确定的，课的结构通常分为准备部分、基本部分和结束部分，如表2－5所示。实践课必须遵循以下原则：准备部分是缓慢的准备活动；然后是课的基本部分，其运动量的曲线较高；最后是结束部分，运动量降低。

表2－5　课实践计划

本课主要任务			负荷节奏	准备　基本　结束		
	时间	实践内容、手段、时间	组织教法	量和强度	特殊队员的安排	
准备部分						
基本部分						
结束部分						
本课监测指标						
小结						

第三章 敦煌拳教学实践的方法

教学实践方法是在实践理论指导下，为实现实践目标而进行的各种教学训练活动。在我国传统武术发展史上，历代武术名家创造了丰富多样的实践方法，这些方法的应用也为敦煌拳技能实践奠定了丰富的基础。而随着时代的发展，各种现代实践方法也被应用于敦煌拳教学练习之中。

第一节 敦煌拳教学实践的安排

一、实践时间的安排

在进行敦煌拳实践的时候，一定要科学、合理地安排实践时间。在安排练习课时间时，根据练习者身体的特点，每一堂实践课的时间不宜过长，一般在 1.5～2 小时。准备部分占整个练习时间的 1/4，25～30 分钟。其中游戏时间为 10～15 分钟，以提高人们对教学实践的兴趣；柔韧练习为 15～20 分钟。基本部分占整个实践时间的 2/3，约 1 小时或 1 个半小时，着重以基本技术、基本功、拳术练习为主，为以后技术水平的提高打好基础。结束部分以放松训练和总结为主，5～10 分钟，以身体恢复为主。

二、实践内容的安排

（一）准备部分

1. 各种跑

各种跑包括长距离慢跑、短距离冲刺、游戏等，以调动人体各个器官逐渐进入运动状态。

2. 准备操

主要活动人体的各个关节，以避免练习者在实践中受伤。可安排头部运动、肩部运动、腰部运动、髋部运动、膝踝运动和腿部运动等，但要注意形式内容的多样化。

（二）基本部分

1. 基本功实践

敦煌拳基本功一般包括肩、臂、腰、腿、桩功、平衡及跳跃等练习。肩、臂练习主要是增进肩、臂的柔韧性，加大关节的活动范围，发展肩、臂部力量，提高上肢运动的伸展、转环能力，为学习和掌握动作的方法提供必要的专项素质。

在基本功实践的过程中，腰功是第一个不可或缺的训练。腰是贯穿上下肢的枢纽。俗话说："练拳不活腰，终究艺不高。"腰是反映身法技巧的关键，腰不活就难显示出"身法"。练习腰功主要有俯腰、甩腰、涮腰和下腰等。

相对于腰功的重要性，腿功也是敦煌拳练习者需要经常练习的一个基本功。腿功练习主要是发展腿部柔韧性、灵活性和速度、力量等素质。踢腿和压腿是腿功练习中的重要内容，其主要方法有正压、侧压、后压、撕腿、下叉、正踢、侧踢、外摆腿、里合腿、弹腿、侧踹腿和前后扫腿等。

在敦煌拳实践中，桩功的练习也是必不可少的一项基本功。练习桩功的目的是提高腿部肌肉力量，从而使功架更符合规格要求。桩功分马步、弓步、扑步、虚步和歇步等。开始练习桩功，时间不要过长，随着腿部力量的增强，可适当延长站桩时间。但是对于儿童应以行进间的各种步型转换为主，避免过多的静力性桩功。

跳跃动作的练习对增强腿部力量，提高弹跳能力具有很好的作用，是基本功实践的重要组成部分之一。一般常见的和最基本的跳跃动作有天马行空、腾空修罗等。

平衡动作分为持久性平衡和非持久性平衡两种。持久性平衡要求平衡动作完成时，保持3秒以上的静止状态；非持久性平衡没有时间上的要求，只要求完成动作后出现静止状态。要做好平衡动作，不仅要求腰、髋有较好的柔韧性，而且要有较好的肌肉控制力量。

2. 套路练习

敦煌拳的比赛和表演是通过套路演练进行的。因此，必须进行套路技术的实践教学，通过套路技术的实践，提高套路的演练技巧，进一步发展套路演练所需的专项素质和机能能力。

（1）超套练习。

超套练习是在赛前集训时较多采用的一种练习形式。就是一次练习一整套加上一至两段，或者练习一套半等。这主要是提高无氧代谢的能力，增强演练套路的专项耐力，培养意志品质。做超套练习时，要从实际出发，适当采用。在实践中要鼓励队员以顽强毅力坚持到底，但对动作规格和套路的节奏不能放松要求。这种实践形式不宜多用，以防出现过度疲劳，影响动作质量。对实践水平较低的队员，不宜过早地采用，或者超套过多，以免在体力不及的情况下，破坏动作的正确定型。

（2）整套练习。

整套练习的关键是要处理好全套的节奏和体力的分配，使全套的演练表现出起伏转折、动静疾徐、刚柔虚实的特点。整套练习要注重动作的规格化和成功率。对完成得不好或者失败的动作，要再通过组合或分段来改进和提高。整套练习一般在赛前练习比较多，是用来提高队员对套路的熟练程度及在场上的演练技巧，同时也是一种实战练习，因为比赛时是进行整套演练的。

（3）分段练习。

分段练习分为两种情况：一种是按套路本身的分段顺序，一段一段地或者两段两段地进行训练；另一种是有选择地进行某一段落的训练。前者一般是常规性的练习方法，后者主要侧重于难度较大或是较薄弱的段落。在平时实践中经常采用这种训练方式，一般一堂实践课的练习，一段一次12～16个，两段一次4～6个。

（4）组合动作练习。

组合动作是组成套路的要素，是套路技术的基础。它由单个动作组合而成。单个动作分腿法类、跳跃类、平衡类、跌扑滚翻类及由手型、手法、步型、步法等因素组成的各种拳种的基本动作等。在基础实践阶段，多采用单式重复练习方法。

3. 素质训练

（1）专项身体训练。

敦煌拳实践中一般通过专项的训练内容来提高身体机能能力，如劳度叉斗　阿修罗撩腿、维摩诘献书、反弹琵琶等。套路分段训练等可用来提高速度素质；负重跳跃动作练习等可用来进行专项弹跳力训练；专项力量实践可以通过负重的器械方法训练来进行；专项耐力实践是以套路为主的重复训练，比较典型的方法就是整套或超套练习；通过肩、腰、腿的各种训练可提高专项柔韧；专项协调和灵敏素质实践的内容包括各种精神、姿态风格训练，各种身法基本功训练，各种套路的基本动作训练等。

（2）一般身体训练。

一般身体训练基本借鉴田径、球类等项目的内容进行练习。速度训练可分为加速能力、绝对速度和速度耐力训练三部分。一般在训练中多采用短距离冲刺，如30米、60米冲刺跑；一定距离的变速跑（这种训练一般放在训练前的准备活动中）；规定时间的长距离跑，如2 000米、越野跑等。弹跳力训练的内容有单脚跳、全蹲跳、半蹲跳、换脚跳、跳台阶、跳绳、杠铃负重跳和穿沙衣跳等。在敦煌拳套路训练中，力量性训练不是单一的绝对力量训练，多数以爆发力训练为主。它的训练内容有立卧撑跳、蛙跳、兔子跳、收腹跳等。一般耐力训练的内容选择尽量符合套路训练的要求，敦煌拳套路的演练主要以无氧代谢为主。因此，在日常训练中可采用400米或800米跑来训练耐力素质。协调和灵敏素质的训练一般在准备活动时的游戏中进行训练。

（三）结束部分

1. 放松练习

放松练习是指在参加体育活动中有目的地做些练习活动，如自编一些放松操练习，队员与队员之间互相放松，也可以在课后进行热水洗澡等，使机体从运动中逐渐进入安静状态，以更好地得到恢复。放松练习能将横纹肌长时间的紧张调整为中等程度的放松。这样就能为肌肉下一步积极工作创造有利条件。

2. 总　结

总结部分主要对本堂课进行总体评价，并对个别实践过程中认真、技术有进步的队员进行表扬，对那些练习中偷懒、不努力、不积极的队员进行批评，提出不足之处，并对下一节课提出要求。

三、运动量的安排

在敦煌拳实践中，运动量的科学合理的安排是非常必要的。现代运动训练的实践和科学研究表明，练习者机体形态、机能的改善和提高与运动训练负荷的科学安排是紧密相关的。运动训练中加之于人体的生理和心理负担（或刺激压力）统称训练负荷。训练负荷包括负荷量和负荷强度两个方面，影响负荷量的主要因素是训练次数、时间、距离或者其他总量等；决定负荷强度大小的主要因素是练习的密度，还包括完成每个练习所用的速度、负重量，以及以较大的速度、负重量所进行的练习在全部练习中所占的百分比等。

在敦煌拳实践中最常见的计算最高心率的方法为：

最大运动心率 = 220 - 年龄。

合理运动负荷上限 = 最大运动心率 × 80%。

合理运动负荷下限 = 最大运动心率 × 60%。

以一名年龄为 20 岁的练习者为例，计算他的最大运动心率：

220 - 20 = 200 次/分钟。

他的合理运动负荷上限 = 200 × 80% = 160 次/分钟。

他的合理运动负荷下限 = 200 × 60% = 120 次/分钟。

以上计算结果表明，这名练习者在敦煌拳实践过程中，心率范围应保持在 120 ~ 160 次/分钟，这样才能达到最佳的锻炼效果。

此外，根据生理学家的实验证明，一般人的健身锻炼应以有氧代谢为主，中等强度为宜，一般人达到最佳健身效果的心率应保持在 120 ~ 140 次/分钟，占每次锻炼时间的 2/3 左右为最佳。研究证明，若心率在 110 次/分钟以下，机体的血压、血液成分、尿蛋白、心电图都没有明显的变化，所以效果不明显；若心率在 130 次/分钟，每搏输出量达到一般人的最佳状态，健身效果明显；若心率在 150 次/分钟，每搏输出量开始缓慢下降；若心率增加到 160 ~ 170 次/分钟之间，虽然没有不良的反应，但不能呈现出更好的健身效果。所以，生理学家把 110 ~ 150 次/分钟的心率区间定为运动负荷有效的价值阈，把心率为 120 ~ 140 次/分钟的心率区间，确定为运动负荷的最佳价值阈。

第二节　敦煌拳教学实践的方法与创新

一、敦煌拳教学实践的基本方法

（一）单操练习法

单操练习法是指对敦煌拳中的单个动作进行反复操练的练习方法。对于敦煌拳中的重点动作，或自己掌握比较薄弱的动作以及某些难度大的动作或复杂动作，进行反复的锤炼，能够较快地提高这些动作的质量。

（二）组合练习法

组合练习法是指将敦煌拳中的几个动作串联起来进行练习的方法。它是提高敦煌拳成套演练的质量和搏斗运动连续击打能力的十分重要的方法，练习时应重点掌握动作与动作之间的节奏以及连接技巧等内在规律。将单操练习法和组合练习法结合运用，能够迅速提高敦煌拳的技术水平。

（三）成套练习法

成套练习法是指把敦煌拳套路的整套串联起来进行练习的方法。其主要目的是提高各组合动作在整套演练中的稳定性以及各组合与组合之间、段与段之间节奏的处理能力和体力的分配合理性。它是提高敦煌拳套路整套演练质量的必要练习方法。成套练习法通常在单操练习和组合练习的基础上进行，一般在比赛前运用较多。

（四）超套练习法

超套练习法一次练习的负荷要大于整套练习的负荷，其目的是提高敦煌拳套路整套练习的耐力。因此，应恰当运用，避免负荷过大而引起运动伤病。这种方法一般在比赛前运用较多。

（五）对镜练习法

对镜练习法是指在平面镜前练习敦煌拳动作，以平面镜为视觉信息反馈来源的练习方法。由于初练敦煌拳时，肌肉的本体感觉较差，不能正确判断自己的动作是否正确，可以借助平面镜来观察，从而加以纠正。如果是为了纠正或提高自己的定势动作，对镜练习法和静耗练习法结合运用，效果更佳。对镜练习法还可用于改进那些结构较为简单、方向变化并不复杂的动作的节奏、速度、动态的姿势等。在进行敦煌拳的攻防格斗练习时，也可采用对镜练习法，以镜子中的自己为对手进行攻防练习，用以提高动作质量或攻防技巧等。

（六）空击练习法

空击练习法是指在练习敦煌拳的攻防格斗技术时，以空击为手段提高动作质量的练习方法。进行空击练习时，由于没有对抗，也不需要击打的准确性，因此难度较低，便于在保证动作正确的前提下，提高动作的速度、节奏、连贯性及协调性。空击练习法不仅是练习攻防格斗初级阶段的必要方法和主要方法，在高级阶段，也经常采用，其目的是在难度较低的情况下强化神经肌肉联系，强化动力定型。

（七）影子练习法

影子练习法又称假想练习法，是与自己的影子或假想的对手进行攻防练习的方法，是一种特定的空击练习法。在练习时，应该思想集中，并积极地进行想象，尽量与实战时的节奏、动作速度、技法技巧等相同或接近。

（八）击打练习法

击打练习法是指通过击打一定的物体用以提高击打能力的练习方法。常见的击打物体有靶子、沙袋、速度球、千层纸、木人桩等，根据不同的目的加以选择运用。比如，为了提高击打的准确性，可以击打移动靶；为了提高击打的力量，可以击打重沙袋；为了提高击打的速度，可以击打速度球；为了提高击打的硬度，可以击打千层纸、木桩、石柱等；为了提高击打的有效性，可以击打木人桩等。

（九）实战练习法

实战练习法是指通过两人的直接对抗用以提高攻防能力的练习方法，包括条件实战和实战两种形式。条件实战是在限定一定的攻防条件的情况下进行的对抗练习，针对性强，能有效提高某方面的攻防能力；实战则是按照正式的比赛规则进行攻防练习的形式，是总结、积累实战经验的必要措施。拳谚说："既得艺，必试敌。"条件实战和实战练习是提高攻防能力的不二法门，只有通过长时间的条件实战和实战，才能找到攻防格斗的技巧和规律。由于条件实战和实战对抗性强，强度大，容易发生伤害事故，因此，应在体力较好的情况下运用。

（十）游戏与比赛练习法

游戏与比赛练习法是指运用游戏和比赛的方式进行练习的方法。其显著的特点是具有竞争性，可提高练习的兴趣、积极性和进取精神。该方法应该在技术动作方法掌握得较为牢固和熟练的情况下运用，否则，在竞争的情况下由于求胜心切，容易破坏技术动作的结构和完整性，长此以往，会形成错误的动作定型，不容易改正。该方法既可用于技战术训练，也可用于身体训练，既可在准备活动阶段进行，也可在基本练习阶段和结束之前运用，因此应用范围较广。另外，该方法还可培养遵纪、协作、乐群、勇于竞争等优良的心理品质。

二、敦煌拳实践方法的创新

随着现代运动实践理论的发展，各种现代练习方法也逐渐应用到了敦煌拳实践的练习中。现代运动练习的方法有多种，一般在敦煌拳练习中用得较多的训练方法有重复训练法、间歇训练法、变换训练法、循环训练法等。

（一）重复训练法

重复训练法是敦煌拳练习中的一种十分重要的练习法则。重复训练法是指多次重复同一练习，两次练习之间安排相对充分休息的练习方法。通过同一动作或同组动作的多次重复，经过不断强化运动条件反射的过程，有利于练习者掌握和巩固技术动作。通过相对稳定的负荷强度的多次刺激，可使机体产生较高的适应机制，有利于练习者发展和提高技术水平。按练习时间长短，重复训练方法可分为短时间重复训练方法（不足30秒）、中时间重复训练方法（0.5~2分钟）和长时间重复训练方法（2~5分钟）。敦煌拳套路练习一般采用前两种。短时间重复训练方法主要用于训练各种基本技术、高难技术的组合练习，以及有关速度素质和力量素质的发展。这种方法间歇时间充分，机体以磷酸盐代谢系统供能为主，间歇过程多以肌肉按摩放松方式为主，以便尽快促使机体恢复机能。中时间重复训练方法主要用于训练整套动作，间歇时间应该充分，机体靠以糖酵解为主的混合方式供能，间歇方式一般以慢跑深呼吸以及按摩放松的方式进行，以尽快清除体内的乳酸。

"熟能生巧"的道理运用在敦煌拳运动中也是非常适用的。拳谚讲："拳打千遍，身法自然""拳打万遍，神理自现"。这说明只有重复练习，才会熟中生巧。重复训练法用于技术训练时，一般要注意两种情况：一种情况是运用重复训练法掌握技术时，应严格要求练习者按技术规格一丝不苟地重复练习，而在数量和负荷强度上不提出过高的要求。为使练习者掌握某一个技术，或者巩固矫正后的正确动作，必须有一定的重复数量作保证，甚至可以重复到动作将要变型时为止。但是，如果练习者连续出现错误，就应停止使用，以防形成错误的动力定型。另一种情况是运用重复训练法提高、巩固技术时，除了在重复次数上要得到保证外，在练习的数量和负荷强度上，也应该逐步提高要求，使练习者在较困难的条件下能保持技术的正确性、熟练性，以便在未来的表演比赛中能发挥水平，取得好成绩。

在敦煌拳运动中，很多的地方都能够运用重复训练法这一重要的训练方式和方法。重复训练法用于身体训练时，在练习数量、负荷强度和重复次数上均应有较高的要求。例如，做快速的连续踢腿，较长时间的桩功练习等。只有这样才能提高练习者大脑皮层调节运动器官的灵活性，提高肌肉收缩和放松的交替能力，增强机体忍受乳酸堆积和承担氧债的机能。

在确定练习数量、负荷强度、重复次数时，要根据对象的实际情况进行安排。对训练水平差的练习者应降低要求，并在练习之间安排较充分的休息时间。随着训练水平的不断提高，逐步增加练习次数、负荷强度和重复次数。重复训练法还应采用一些教法措施，变换练习形式来培养练习者的兴趣，调动他们的积极性。

（二）间歇训练法

间歇训练法也是敦煌拳练习中的一项重要的训练方法。所谓的间歇训练法，是指对多次练习时的间歇时间作出严格的规定，使机体处于不完全恢复的状态下，反复进行练习的方法。它是练习者在进行一定的练习之后，严格按照间歇时间进行休息，然后再进行练习的方法。由于这种方法在练习者的机体未能完全恢复时就进行下一次练习，所以能有效地提高呼吸和心血管系统的机能，提高机体糖酵解能力和耐乳酸能力。

间歇训练法在敦煌拳中的运用主要是针对着训练中的任务来说的。它由五个要素组成，即每次练习的数量、每次练习的负荷强度、重复次数（组）、间歇时间和休息方式。使用间歇训练法也应运用超量负荷的原理，具体做法有：提高每次练习的强度，增加练习的重复次数和调整间歇时间。

要根据不同的拳种特点安排练习的强度、密度。例如，进行运动量大的自选动作类别的套路训练时（包括半套训练和整套训练），主要应提高每次练习的强度，间歇的时间可长些；敦煌拳健身套路主要应加大每次的练习数量，间歇时间可短些。间歇时间的长短，一般以不使练习者在休息时脉搏低于120次/分钟为宜。

在进行间歇训练的过程中，一切的动作均要以较为轻微的方式来进行。如可以根据自己在练习中存在的问题，教练员的指点和要求，慢速体会动作的正确要领，纠正错误动作，或者调节放松劳累的部位等。这种轻微活动能使肌肉对血管起按摩作用，以加速血液回流，帮助排除代谢所产生的废物。

间歇训练法要求练习者机体在尚未完全恢复时就进行下一次练习，所以练习者的运动负荷较大。因此，教练员在规定间歇时间上必须做到科学、合理，符合练习者承受负荷的能力。要做到这一点，对练习者要进行深入了解，做好调查研究，同时要求练习者主动向教练员如实反映自己的身体情况，密切配合，共同搞好训练。

（三）变换训练法

在进行敦煌拳训练的过程中，并不是要始终坚持一种运动方式到底的，要根据不同的时间和时期来选择不同的训练方法。变换训练法是指变换运动负荷、练习内容、练习形式以及条件，以提高练习者积极性、趣味性、适应性以及应变能力的训练方法。通过变换运动负荷，可使机体产生各种适应性变化，从而提高承受专项比赛时不同运动负荷的能力。通过变换训练内容，可使练习者的不同运动素质、运动技能得到系统训练和协调发展，从而使之具有更接近实际比赛需要的多种运动能力和实际应用的应变能力。

当敦煌拳训练到了对一定的技术和战术的练习和分析中的时候，则可采用变换训练的方式。变换训练法用于技术训练时，主要是改进、提高和巩固技术。这要根据练习者在掌握技术过程中存在的具体问题来确定变换的条件。例如，降低动作的速度，让练习者细心体会肌肉的协调用力，掌握动作细节，克服动作僵硬、毛糙的毛病；加快动作的速度并要求急定稳健，或者改变动作组合（如跳跃动作后接做平衡动作），从而提高平衡能力。变换练习条件和环境进行训练，如由室内地毯上练习换为室外土地上练习，白天练习改为晚上练习，组织小型比赛或测验，外出表演或者与兄弟队合练等，借以培养练习者的适应能力和表演比赛的临场经验。

（四）循环训练法

在敦煌拳健身套路的训练方法中，还有一种就是循环训练的健身方法。循环训练法是指根据训练的具体任务，将练习手段设置为若干个练习站，练习者根据既定的顺序和路线，依次完成每站练习任务的训练方法。

例如，可以将基本功和基本动作练习、套路的分段和整套练习、素质练习等内容编成各种练习程序。同样，基本功和基本动作的训练可以将腿功、腰功、跳跃动作、功架动作组合等编成练习程序；套路训练也可将拳和对练套路的分段和整套练习编成程序；素质训练又可以选用发展弹跳力、速度、腰背肌的力量等动作编成程序。这些练习程序可用流水作业的形式，也可用分组轮换的形式进行循环训练。

不同的条件对循环训练的方式所采用的方法也是不一样的。循环训练法的设计，其内容要根据现有条件，有目的地突出重点任务，因人而异地确定循环训练的负荷。如赛前训练要以套路训练为主，以基本功和基本动作训练为辅，而素质训练只能因人而异地缺什么补什么，并要防止局部疲劳积累而产生劳损。

所设计的每套循环训练可作为某一个阶段的练习课内容，根据阶段训练任务的变更，其循环内容可进行调整或变换。

三、敦煌拳套路实践的方法

（一）静耗训练法

静耗训练法是指把敦煌拳的动作在某种状态下保持静止姿势一定时间，以提高人体肌肉本体感觉的练习方法。初练某些动作由于肌肉的本体感觉差，不能有效控制动作而经常出现错误时，宜采用静耗体验的方法来增强肌肉的本体感觉。如内功中的"桩功"训练、柔功中的"耗腿"训练、基本功中功架的"耗架"训练等。这种训练法使肢体在静止的状态下，内部意识、气息、劲力按一定要求流注，内外兼修，有助于体会意、气、劲、形统一的感知，加速形成正确的身形和拳架。

进行桩功静耗训练，能强化意识对肢体形态的感知，加速形成正确的步型；能以意识引气聚入丹田，获得以气助势、以气助力的坚实根基。

　　进行柔功中的耗腿训练，能养成控腿、踢腿时的正确身形。在意识的引导下，内气和劲力流注到被牵拉部位，能起到通过内劲沉压、伸拉韧带的作用，例如正耗腿时，以意领气、劲流注膝部，使膝关节向下沉压。采用静耗训练法时，首先要明确所耗架势的正确规格和内部意、气、劲的运转方式。静耗时间因人而异，一般以出现难以坚持感为度，不可过度延长静耗时间，以免出现姿势变形和内意不够集中等情况。

（二）慢速训练法

　　慢速训练法也是敦煌拳最基本的训练方法之一，指将动作的正常速度放慢，并在每个动作完成时静停一会儿的练习方法。这种训练法旨在提高对动作内涵的领悟。慢速时，注意内部意、气、劲的流注和外部动作的运行路线；静停时，注意动作的方向和意境展示。这样，有助于通过细心揣摩，领悟技法诀窍和攻防意识；有助于强化本体感觉，还能通过加大下肢负荷量，锻炼下肢的支撑和控制能力，提高动作的稳定性。在对练训练中采用慢速训练法，有助于两人相互体会对方的动作特点，建立相互配合的默契。

　　如果长时间内只采用慢速训练法，可能形成运动节奏较慢的动力定型，这不利于提高动作速度。因此，不论在哪个训练阶段，慢速训练法与正常速度的训练都要交替运用。

（三）默想训练法

　　默想训练法是指通过意念活动，在大脑中重现已获得的动作表象，以达到强化敦煌拳运动技能的练习方法。运用这种方法主要是默想动作要领、方向、路线与相邻动作的衔接以及攻防含义等。练习时通常要求身体放松，精神集中，按照动作的顺序回忆动作过程，主要加深运动表象的正确性与清晰度。默想训练也可结合手脚和身体的比划进行，可以强化神经肌肉之间的联系，形成程式化的反射。这样既可用于提高动作和套路的熟练程度，也可体会动作和套路内在的用力方法、节奏以及技巧等。

　　实际训练前先进行"默念"练习，有助于集中注意力，引起机体机能兴奋，进入工作状态，并能使动作循规蹈矩地进行。做完一次练习后，即刻进行"默念"练习，有助于体会肌肉感觉，加深动作印象，并能及时对比出感觉与动作规格之间的差异，以便在下次练习中修正动作的错误部分。训练后进行"默念"训练，有助于巩固运动中获得的感知，强化动作技能的条件反射，加速动力定型的建立。

（四）综合训练法

　　将上述各种训练法在运动训练中结合起来使用，叫综合训练法。综合训练法能灵活地调节训练负荷与休息，更圆满地达到练习内容的要求，从而有效地发展练习者的运动素质和提高运动技术水平，使训练取得好的效果。

以上各种方法，在敦煌拳训练的过程中，并不是单一存在和使用的。在训练时，根据需要可多种方法同时使用。

第三节　敦煌拳实践中应注意的问题

一、重视准备活动与整理活动

重视准备活动，就是要在习练敦煌拳之前，把身体各运动器官和内脏器官动员起来，以适应敦煌拳专项活动的需要，避免伤害事故的发生。重视整理活动，就是要在习练敦煌拳之后，使身体从紧张的运动状态逐渐过渡到安静状态，加速身体的恢复。

众所周知，适当的准备活动，不仅能够使人体代谢水平提高，使体温上升，提高循环、呼吸等内脏器官的机能水平，还可以使大脑皮质兴奋性处于适宜的水平，促进参与运动的有关中枢神经间的协调。这不仅可以有效地避免运动损伤的发生，还可以使自己以一种良好的情绪投入到运动之中。

整理活动不仅有促使肌肉放松的作用，还能够有效避免因突然的静止不动，而妨碍强烈的呼吸动作，影响机体氧的补充；还可防止静脉回流受阻，心输出量骤然减少，血压急剧下降，造成暂时的脑贫血，从而产生一系列不舒服的感觉，甚至休克。

二、重视敦煌拳的基本训练

敦煌拳基本训练包括基本功和基本动作的训练。基本功训练，在于增进各关节的柔韧性，加大各关节的活动范围，发展一般的、专项最需要的身体素质，为更好地掌握基本动作打下良好的基础，其内容一般包括腿功、腰功、臂功、桩功等。腿功的练习方法有压腿、扳腿、劈腿、控腿和踢腿等。腰功的练习方法主要有俯腰、甩腰、晃腰、拧腰、翻腰、涮腰和下腰等。为了增强腰部的力量和灵活性，在练习中还应安排腰腹肌和腰背肌的练习。臂功的练习方法主要有压肩、绕环、倒立、握杆转肩和扑步抢拍等。桩功是敦煌拳练习中最独特的锻炼形式，主要是加强腿部力量和动作的稳定性。通过基本功训练，练习者获得了身体的伸展、柔韧、灵活、力量等基本素质之后，进入基本动作训练的阶段，它是学习复杂动作和发展高、难、美、新动作的基础，为掌握敦煌拳的各种运动技巧，为学习敦煌拳套路创造条件。

基本动作训练包括手法、步法、腿法、平衡、跳跃、跌扑滚翻、折叠旋转等。而每个基本动作中都包含了动作运行的路线、方向、用力的时间及大小等三个基本要素，在训练中要根据动作规格要求，一丝不苟，严格要求，反复练习。在训练中简单地采用重复训练，显然单调枯燥，势必影响训练的积极性。同样的训练内容，变换一下训练形式，则会使练习者感到新鲜和兴奋，从而提高训练效果。

三、加强敦煌拳的技法训练

敦煌拳的基本技法主要是指演练敦煌拳的基本技术要求及其带有规律性的运动方法。身体姿势的要求是"头正、颈直、沉肩、挺胸、立腰",发力动作的一般要求是"起于根,顺于中,达于梢",眼法要求是"手到眼到""手眼相随"等。而敦煌拳健身套路的基本技法要求则是,身体姿势要"立腰凸臀、沉肩坠肘、舒掌塌腕、含胸拔背、尾闾中正",动作则要求柔中带刚、刚柔相济。对敦煌拳实战技术的总体要求是步法活、预兆小、动作快、力量重、力点准、方法巧。无论是练习套路运动,还是搏斗运动,都要重视其基本技法,只有在反复的练习之中,不断琢磨、体会并提高所练内容的基本技法,才能够使自己的技术水平达到一定的高度。

四、注意动作组合的起承转合

组合训练是在基本训练的基础上,将基本动作与某种典型动作连起来进行训练,它是敦煌拳套路训练中较常用的手段。主要用以掌握和提高动作与动作之间的衔接及攻防转换的技能,提高动作的连贯性。

组合动作可以按套路的顺序,将几个动作组合起来进行训练,也可摘取套路中难度组合和重点组合进行训练。因为这些组合动作复杂,对体能和技能要求较高,在整个套路中将起到重要的作用。又因其稍有失误便会对整个套路质量产生重大影响,因而在套路中占有重要地位,应重点训练。为增强完成难度组合和重点组合的能力,训练中可采用一组几次和练习数组的方法。这样可以提高难度组合和重点组合的成功率。组合训练还可以按运动技法特点集中归类训练,根据训练需要,专门创编供训练用的组合动作,如拳术的腾空跳跃、抡臂转体、翻腾、扫转和平衡等,来提高和发展练习者的体能与技能。

组合动作训练不但要求招式清楚,动作规范,方法明确,而且还要突出动作的节奏感与意识表现力,使手眼身法步、精神气力功合而为一,让动作外形与神态形成一种无声的语言,来传神达意,练出动作的韵味来。组合动作训练一般在精力充沛的情况下进行,此时注意力集中,大脑处于积极状态,对纠正错误的动作技术较为有利。

五、注意分段训练方法的运用

分段训练是指把套路分成若干个部分进行分段训练的一种手段。可以按套路本身的分段顺序,一段一段或者两段两段地进行训练。也可以有选择地进行某一段的训练。后者主要侧重于提高动作难度较大的或者是较薄弱的段落。

分段训练主要是解决局部技术、局部节奏处理及演练技巧等问题,通过训练提高每个段落的质量，为整套训练打好基础。分段训练一般在体力较充足的情况下进行，以重复训练法为主。因此，要强调动作完成的质量，提高组合动作之间的衔接连贯，加强分段动作的节奏感及意识表现力。以提高动作速度和速度耐力等运动能力为目的的分段训练，则较多运用间歇训练法。在敦煌拳实践训练中，根据训练目的和任务，可将套路划分为重点段、难度段、高潮段、起势段和收势段来进行训练。通过分段训练，突出局部的训练效果，强化改进局部的技术质量，为在整套训练中发挥水平打下扎实的基础。

六、把握套路运动的体力分配

在敦煌拳实践中，要处理好整套的节奏和体力的合理分配，使得全套的演练动静分明、刚柔相济、章法清晰。为了提高练习者机体无氧代谢和肌肉耐乳酸的能力，可以采用间歇训练法，控制其恢复时间，使练习者的机体在尚未完全恢复的情况下即进行下一个整套训练。也可以采用阻氧训练法，练习者训练时戴上口罩练习一个整套，以此提高其机体无氧代谢和肌肉耐乳酸的工作能力。而对训练水平较低的练习者，不宜过早过多地采用整套训练，以免在体力不及的情况下，破坏动作的正确定型。

七、训练中应形成自己的技术风格

敦煌拳有其自身独特的风格。而作为训练对象的人又存在个体差异，因此，个体在敦煌拳练习中，应通过不断努力，争取形成自己的技术风格。

个体技术风格的形成与发展与运动者的形体特征、运动能力和个性、心理特征等诸方面的个体差异有着密切关系，这些相关因素是形成和发展敦煌拳练习者个人技术风格的基础。

力量型练习者应在训练中充分表现勇猛强悍、刚劲有力的风格特点；速度型练习者则应表现行如风、动如涛、转如轮等运动形象，体现出手快、出腿猛的技击方法，并通过训练逐步形成快速、流畅、活泼的技术风格；耐力型练习者应充分展现自己体能好的优势，在套路演练过程中一气呵成，表现出体力充沛、顽强、坚韧的运动形象；柔韧型练习者应在表现人体的动作幅度、造型和舒缓的动作，在完成技术动作的腿法、平衡、功架、造型及各种身法、手法等动作过程中，追求那种折如弓、吞吐自如、刚柔相济的运动效果，给人以优美流畅、富有弹性、舒展大方等美的感受。协调和灵敏是运动技能和各种素质在运动过程中的综合效应，要达到心动形随、意到手发，表现出动作顺序的严谨、用力的精确、全身配合协调，达到和谐完美的境界，充分体现出敦煌拳的内外合一和神形兼备的特点。所有不同特征的技术风格，最后都要以协调、和谐的总体效果表现出来，这也是技术风格成熟的标志。

敦煌拳运动个人技术风格的形成不是一朝一夕的事，需要经过多年系统的训练才可能形成。

第四章　敦煌拳基本技术教学与实践

敦煌拳的基本技术训练是指敦煌拳基本功和基本动作的练习。同其他体育运动一样，基本技术训练既是敦煌拳初学者入门必备的基础功，又是保证敦煌拳运动体能和技能不断提高的有效手段。

第一节　敦煌拳基本功训练与实践

一、肩功训练与实践

敦煌拳肩功训练的主要目的是提高肩部韧带的柔韧性，增大肩关节的活动范围，发展肩部肌肉的力量，提高上肢运动的伸展、敏捷、转环等能力。肩功训练主要有压肩、转肩、绕环等。

（一）压肩练习

基本动作：面对肋木或一定高度的物体开步站立，两手抓握肋木，上体前俯并向下做振压肩动作；也可以两人面对面站立，互相扶按肩部，做体前屈压肩动作；也可以由助手协助做搬压肩部的练习，如图 4 - 1、图 4 - 2 所示。

动作要点：挺胸，塌腰，两臂、两腿要伸直，振幅逐步加大，压点集中于肩部，增加外力时应由小到大。

图 4 - 1　　　　　　　　　　　　图 4 - 2

（二）握棍转肩练习

基本动作：两脚开立，两手相距一定距离，正握木棍于体前。以肩关节为轴，两臂由体前经头顶绕至背后，然后再由背后经头顶绕至体前，如图4-3～图4-5所示。

动作要点：转肩时，两臂始终伸直，两手握棍的距离可根据自身情况进行调节，由宽到窄。

图4-3 　　　　　图4-4 　　　　　图4-5

（三）臂绕环练习

1. 单臂绕环

基本动作：成左弓步姿势，左手按于左大腿上（也可两脚开立，左手叉腰），右臂上举，由上向后、向下、向前绕环一周为后绕环。右臂由上向前、向下、向后绕环一周为前绕环。练习时左右臂交替进行，如图4-6～图4-8所示。

动作要点：臂伸直，肩放松，贴身划立圆，逐渐加速。

图4-6 　　　　　图4-7 　　　　　图4-8

2. 双臂前后绕环

基本动作：两脚开立，与肩同宽，两臂垂于体侧。左右两臂依次由下向前、向上、向后做绕环。数次后，再做反方向绕环，如图4-9~图4-11所示。

动作要点：松肩，探臂，两臂于体侧成立圆绕环。

| 图4-9 | 图4-10 | 图4-11 |

3. 双臂交叉绕环

基本动作：两脚开立，两臂伸直上举，左臂向前、向下、向后；右臂向后、向下、向前，同时于身体两侧划立圆绕环。数次后，再做反方向绕环，如图4-12、图4-13所示。

动作要点：上体放松，协调配合两臂绕环，两臂于体侧成立圆绕环。

| 图4-12 | 图4-13 |

4. 扑步抡拍

基本动作：两脚开立，上体左转成左弓步，同时右掌向左前下方伸出，左掌心向里，插于右肘关节处，如图4-14所示；上动不停，上体右转成右弓步，同时右臂由左向上、向右抡至右上方，左掌下落至左下方，如图4-15所示；上动不停，上体右后转，同时右臂向下、向后抡臂划弧至后下方，左臂向上、向前抡至前上方，如图4-16所示；上动不停，上体左转成右扑步，同时右臂向上、向右、向下抡臂至右腿内侧拍地，左臂向下、向左抡臂停于左上方，如图4-17所示。目随右手移动。练习时左右交替进行。

动作要点：两臂伸直，向上抡臂贴近耳部，向下抡臂贴近腿部，以腰带臂。

图 4 – 14

图 4 – 15

图 4 – 16

图 4 – 17

二、腿功训练与实践

敦煌拳腿功训练的主要目的是发展腿部的柔韧性、灵活性和力量等素质。其主要练习方法有压腿、扳腿、劈腿、控腿和踢腿等。

（一）压腿练习

1. 正压腿

基本动作：面对肋木或一定高度的物体，并步站立。左腿抬起，脚跟放在肋木上，脚尖勾紧，两手扶按膝上。两腿伸直，立腰，收髋，上体前屈，向前下方做压振动作，如图 4 – 18 所示。练习时左右腿交替进行。

动作要点：直体向下振压，逐渐增大振幅，以前额、鼻尖触及脚尖，然后过渡到下颏触及脚尖。

2. 侧压腿

基本动作：侧对肋木或一定高度的物体站立，左腿支撑，脚尖外展，右脚跟放在肋木上，脚尖勾紧，左臂上举亮掌，右掌附于左胸前，上体向右侧压振，如图 4 – 19 所示。练习时左右腿交替进行。

动作要点：立腰，展髋，直体向侧下方压振。

3. 后压腿

基本动作：背对肋木或一定高度的物体站立，左脚背放在肋木上，脚面绷直。两手叉腰或扶一定高度的物体，上体后屈并做振压动作，如图 4 – 20 所示。练习时左右腿交替进行。

动作要点：挺胸、展髋、腰后屈。

图 4 – 18　　　　　　　　图 4 – 19　　　　　　　　图 4 – 20

4. 扑步压腿

基本动作：两脚左右开立，右腿屈膝全蹲，左腿挺膝伸直，脚尖内扣。两脚全脚掌着地，两手分别抓握两脚外侧，如图 4 – 21、图 4 – 22 所示。练习时左右腿交替进行。

动作要点：挺胸，塌腰，沉髋，臀部尽量贴近地面。

图 4 – 21　　　　　　　　　　图 4 – 22

（二）扳腿练习

1. 正扳腿

基本动作：左腿支撑，右腿屈膝提起，左手托握右脚，右手抱膝，如图 4 – 23 所示。然后右腿向前上方举起，挺膝，脚尖勾紧，如图 4 – 24 所示。也可由同伴托住脚跟上扳，如图 4 – 25 所示。练习时左右腿交替进行。

动作要点：挺胸、立腰、收髋。上扳高度依训练水平逐渐提高。

图 4 – 23　　　　　　　图 4 – 24　　　　　　　图 4 – 25

2. 侧 扳 腿

基本动作：右腿屈膝提起，右手经小腿内侧托住脚跟，然后将右腿向右上方扳起，左臂上举亮掌，同伴托住脚跟向侧扳腿，如图 4 – 26 所示。练习时左右腿交替进行。

动作要点：两腿伸直，挺胸，立腰，开髋。

（三）劈腿练习

1. 竖 叉

基本动作：两手左右扶地或两臂侧平举，两腿前后分开成直线。左腿后侧着地，脚尖勾起；右腿内侧或前侧着地，如图 4 – 27 所示。练习时左右交替进行。

动作要点：挺胸、立腰、沉髋、挺膝。

图 4 – 26　　　　　　　　　图 4 – 27

2. 横 叉

基本动作：两手在体前扶地或两臂侧平举，两腿左右分开成直线，两腿内侧着地，如图 4 – 28 所示。

动作要点：挺胸、立腰、展髋、挺膝。

（四）控腿练习

1. 前控腿

基本动作：右手扶肋木或一定高度的物体，侧向肋木并步站立，左手叉腰或侧平举。左腿屈膝前提，脚尖绷直或勾紧，慢慢向前上方伸出，停留片刻再还原。练习时左右腿交替进行，如图 4 – 29 所示。

动作要点：挺胸、直背、挺膝。控腿的高度可随练习水平逐步提高。

图 4 – 28

图 4 – 29

2. 侧控腿

基本动作：左手扶肋木或一定高度的物体，右手叉腰，侧向并步站立。右腿屈膝侧踢，脚尖绷直或勾紧，向外侧前上方伸出，停留片刻再还原，如图 4 – 30 所示。练习时左右腿交替进行。

易犯错误：同前控腿。

动作要点：挺胸、直背、开髋、挺膝。控腿的高度可随练习水平逐步提高。

3. 后控腿

基本动作：两手扶肋木或一定高度的物体，并步站立。左腿屈膝前提，脚尖绷直，向后上方伸出，停留片刻再还原，如图 4 – 31 所示。练习时左右腿交替进行。

图 4 – 30

图 4 – 31

易犯错误：同前控腿。

动作要点：挺胸、展髋、挺膝、腰后屈。控腿的高度可随练习水平逐步提高。

（五）踢腿练习

1. 正　踢

基本动作：右手扶肋木或一定高度的物体，左手叉腰，并步侧向站立。右腿支撑，左脚勾起，挺膝上踢，然后下落还原，如图 4 - 32 所示。练习时左右腿交替进行。

动作要点：挺胸、立腰、收腹、沉髋。踢腿过腰后加速。

图 4 - 32　　　　　　图 4 - 33　　　　　　图 4 - 34

2. 侧　踢

基本动作：双手扶肋木或一定高度的物体，丁字步站立。腿向左踢，如图 4 - 33、图 4 - 34 所示。练习时左右腿交替进行。

动作要点：与正踢相同。

3. 阿修罗撩腿

基本动作：双手扶肋木或一定高度的物体，并步站立。右腿支撑，左腿伸直，脚尖上钩，挺膝向后上方踢起，如图 4 - 35 所示。练习时左右交替进行。

图 4 - 35

动作要点：挺胸、抬头、腰后屈。

三、腰功训练与实践

腰是四肢运动的枢纽，敦煌拳腰功训练的目的主要是发展脊椎和腰部各肌肉群的柔韧性与弹性，增大腰部的活动范围。腰的习练方法主要有俯腰、甩腰、涮腰、下腰。

（一）俯腰练习

1. 前俯腰

基本动作：并步站立，两手手指交叉，直臂上举，掌心朝上。上体前俯，两掌心尽量贴地，也可两手松开，分别抱住两脚跟腱处，胸部尽量贴近腿部，持续一定时间后再站立，如图 4－36 所示。

动作要点：两腿挺膝伸直，挺胸低头，前俯腰。

2. 侧俯腰

基本动作：并步站立，两手手指交叉，直臂上举，掌心朝上。上体左转向左侧下屈，两手掌心触地。持续一段时间后，再起身做另一侧，如图 4－37、图 4－38 所示。

动作要点：两腿挺膝伸直，两脚不能移动，上体尽量下屈。

图 4－36

图 4－37

图 4－38

（二）甩腰练习

基本动作：开步站立，两臂上举。以腰、髋关节为轴，上体做前后屈动作，两臂也随着摆动，如图 4－39、图 4－40 所示。

图 4－39

图 4－40

动作要点：快速、紧凑、富有弹性。

（三）涮腰练习

基本动作：开步站立。上体前俯，两臂下垂随之向左前方伸出，以髋关节为轴，向前、向右、向后、向左绕环一周，如图4-41~图4-43所示。练习时左右交替进行。

动作要点：两脚固定不动，两臂随腰放松绕动，尽量增大上体环绕幅度。

图4-41   图4-42   图4-43

（四）下腰练习

基本动作：两脚开立，与肩同宽，两臂伸直上举。腰向后屈，抬头，挺胸，两手向后、向下撑地成桥形，如图4-44所示。也可两手扶墙做下腰动作练习。

动作要点：挺胸，挺髋，腰向上顶，脚跟不得离地。

图4-44

四、桩功训练与实践

敦煌拳的桩功是以静站的方式凝练气息，增强力量，形成动作动力定型的锻炼方法。通过桩功练习可使下肢力量增加，周身内劲饱满，气血畅活，达到壮内强外的目的。桩功的锻炼方式主要有马步桩、虚步桩、浑元桩。

（一）马步桩练习

基本动作：两脚平行开立，约为脚长的三倍，脚尖朝前，屈膝半蹲，大腿接近水平，全脚着地，身体重心落于两腿之间。两臂微屈平举于胸前，掌心向下，目视前方，如图4-45所示。也可两手抱拳于腰间。

动作要点：挺胸、直背、塌腰，做深呼吸。静站时间逐渐增加。

（二）虚步桩练习

基本动作：两脚前后开立，右脚外展45°，屈膝半蹲，左脚脚跟提起，脚前掌着地，膝微屈，重心落于右腿上。两手抱拳于腰间，目视前方，如图4－46所示。练习时左右交替进行。

动作要点：挺胸、塌腰，虚实分明，静站时间逐渐增加。

（三）浑元桩练习

1. 升 降 桩

基本动作：两脚平行开立与肩同宽，两膝微屈，两肘稍屈，两手心向下，举于胸前，然后配合呼吸，做升、降动作，如图4－47、图4－48所示。

动作要点：头颈正直，沉肩垂肘，松腰敛臀，上体正直；呼吸深、长、匀、细。升时配合吸气，小腹外凸；降时配合呼气，小腹内凹。初练时静站2~3分钟，然后逐渐增加。

图4－45　　　　图4－46　　　　图4－47　　　　图4－48

2. 开 合 桩

基本动作：两脚平行开立与肩同宽，两腿屈膝略蹲。两臂屈肘，两手心向内，指尖相对，合抱于体前。随自然呼吸，做开合运动，如图4－49、图4－50所示。

动作要点：与升降桩相同。

图4－49　　　　　　　　图4－50

第二节　敦煌拳基本动作训练与实践

一、手型训练与实践

（一）基本手型

1. 金 刚 拳

基本动作：四指并拢卷握，拇指紧扣食指的第二指节处，中指"人"突出成凿子（如锥子状，地方语）。拳的部位包括拳眼、拳心、拳面、拳背、拳轮，如图 4 - 51 所示。拳心朝上（下）为平拳；拳眼朝上（下）为立拳。

动作要点：拳握紧，拳面平，直腕。

练习方法：先了解拳的规格、要求，再采用手型变换练习。

2. 佛 手 掌

基本动作：四指自然分开，拇指轻轻内扣成八字，掌心空出。掌的部位包括掌心、掌背、掌指、掌根、掌外沿，如图 4 - 52 所示。手腕伸直为直掌，手心向上直掌为仰掌，手心向下直掌为俯掌；大拇指侧伸，掌指朝上为立掌。

动作要点：掌指要紧，立掌背伸，小指侧朝前。

练习方法：与金刚拳的练习方法相同。

3. 勾

勾，亦称勾手。

基本动作：屈腕，五指尖捏拢。勾的部位包括勾尖、勾顶，如图 4 - 53 所示。勾尖向上为反勾手，勾尖向下为下勾手。勾可分为五指勾、三指勾、二指勾。①五指勾：屈腕，五指相撮。②三指勾：屈腕，拇指、食指、中指相撮，无名指、小指卷屈于手心。③二指勾：屈腕，拇指、食指相撮，中指、无名指、小指卷屈于手心。

动作要点：指尖捏紧，尽量屈腕。

练习方法：与拳的练习方法相同

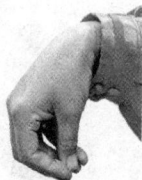

图 4 - 51　　　　　图 4 - 52　　　　图 4 - 53

4. 爪

基本动作：爪，模仿飞禽走兽之爪，五指或分开或并拢，指扣屈成爪。爪的部位包括爪口、爪心、爪短，如图 4 - 54 所示。在象形拳中常出现爪型。常见的有"虎爪""龙爪""鹰爪"等。

动作要点：掌指要弯曲紧扣。

图 4 - 54

练习方法：与拳的练习方法相同。

【特别说明】拳、掌、勾、爪图片保留手型和腕部，手臂部分不出现。

（二）基本手法

1. 冲 拳

预备姿势：两脚左右开立，与肩同宽，两拳抱于腰间，肘尖向后，拳心向上，如图 4 - 55 所示。

基本动作：挺胸、收腹、立腰，右拳从腰间向前猛力冲出，接近顶点时拳加速拧转，手臂伸直，使拳心内旋向下。力达拳面，臂要伸直，高与肩平。同时左肘向后牵拉，目视前方，如图 4 - 56 所示。左拳冲出同于右拳，在左拳冲出的同时右拳外旋屈肘回收至腰间，拳心向上。

动作要点：拳沿直线冲击，肘关节内侧要贴肋运行，一拳冲出和另一拳的回收要同时进行。出拳要快速有力，要有寸劲（爆发力），还要做好拧腰、顺肩急旋前臂的动作。

练习方法：

（1）先慢做，不要用全力，注意动作的准确性。然后再过渡到快速有力。

（2）结合各种步型、步法和腿法做冲拳练习。

2. 推 掌

预备姿势：与冲拳的预备姿势相同。

基本动作：右掌指尖朝前快速前伸，当右臂接近伸直时加速内旋，以掌根外侧为力点向前立掌推击，上体拧腰左转，目视右掌，如图 4 - 57 所示。左掌推出同于右掌，在左掌推出的同时右掌外旋屈肘回收至腰间抱拳。练习时左右交替进行。

图 4 - 55

图 4 - 56

图 4 - 57

动作要点：挺胸、收腹、拧腰、顺肩，出掌快速有力，力达掌外沿。

练习方法：与冲拳的练习方法相同。

3. 架 拳

预备姿势：与冲拳的预备姿势相同。

基本动作：右拳自腰间向下、向左、向上经腹前、面前向头上方旋臂架起，臂微屈，拳心朝前下方，目视前方，如图4－58所示。练习时，左右手可交替进行。

动作要点：架拳时前臂内旋，松肩，力达前臂外侧。

练习方法：

（1）先慢做，不要用全力，着重体会动作路线，然后再逐渐加力。

（2）结合步型、步法与手法练习，如做马步架打。

4. 亮 掌

预备姿势：与冲拳的预备姿势相同。

基本动作：右拳变掌，经体侧向右、向上划弧，至头部右前上方时抖腕亮掌，臂成弧形，掌心向前，虎口朝下，头随右手动作转动；亮掌时，目视左方，如图4－59所示。练习时，左右手可交替进行。

动作要点：抖腕、亮掌与转头要同时完成。

练习方法：

（1）开始练习时，可用信号或语言提示，使抖腕、亮掌与转头配合一致。

（2）结合手型、手法与步型进行练习，如扑步亮掌等。

5. 勾 手

预备姿势：两腿并步抱拳。

基本动作：两臂经两侧直臂上举变拳为勾手，两臂与肩同高，变勾手时头向右转，目视右侧，如图4－60所示。

图4－58　　　　　　图4－59　　　　　　图4－60

动作要点：勾手与转头要同时完成，两臂伸直。

练习方法：

（1）开始练习时，可用信号或语言提示，使勾手与转头配合一致，臂伸直。

（2）结合手型、手法与步型进行练习，如提膝勾手亮掌等。

二、步型训练与实践

（一）基本步型

1. 弓　步

预备姿势：并步直立抱拳，如图 4-61 所示。

基本动作：左脚向前一大步（约为本人脚长的 4~5 倍），脚尖微内扣，左腿屈膝半蹲，大腿接近水平，膝与脚尖垂直。右腿挺膝伸直，脚尖内扣向右前方，两脚全脚掌着地，上体正对前方。两手抱拳于腰间，眼向前平视，如图 4-62 所示。弓右脚为右弓步，弓左脚为左弓步。

动作要点：前腿弓，后腿绷，挺胸，塌腰，沉髋，前脚尖同后脚跟成一直线。

练习方法：

（1）逐步延长原地静力性练习时间。左右弓步可交替练习。

（2）原地保持弓步姿势不动，结合左右冲拳或推掌练习。左右弓步可交替练习。

（3）行进间练习。左弓步冲右拳，再上步接做右弓步冲左拳，这样连续进行。

2. 马　步

预备姿势：并步直立抱拳，如图 4-63 所示。

基本动作：左脚向左侧一大步（约为本人脚长的 3 倍），两脚脚尖正对前方，全脚掌着地，屈膝半蹲，膝盖不超过脚尖，大腿接近水平，身体重心落于两腿之间。两手抱拳于腰间，两眼平视前方，如图 4-64 所示。

图 4-61　　　　　图 4-62　　　　　图 4-63　　　　　图 4-64

动作要点：挺胸，塌腰，展髋，脚跟外蹬。

练习方法：

（1）逐步延长原地静力性练习时间。

（2）原地做马步蹲起练习，即蹲马步和起立交替进行，还做马步左右冲拳或推掌练习。

（3）行进间练习，连续上步做"马步架打"练习。

3. 扑 步

预备姿势：并步直立抱拳，如图4-65所示。

基本动作：右腿向右一大步，屈膝全蹲，大腿和小腿靠紧，臀部接近小腿，全脚掌着地，脚和膝外展，左腿挺直平扑，脚尖内扣，全脚掌着地。两手抱拳于腰间，眼向左平视，如图4-66所示。扑左腿为左扑步，扑右腿为右扑步。

动作要点：挺胸，塌腰，沉髋。上下肢配合要协调，用力要顺达。

练习方法：

（1）可先手扶一定高度的物体进行练习，或先把姿势放高些，然后逐渐按规格达到要求。

（2）逐渐延长原地静力性练习时间。

（3）结合手型、手法练习，如做"扑步勾手亮掌"。

（4）行进间连续做"扑步穿掌"练习。

4. 虚 步

预备姿势：并步直立抱拳，如图4-67所示。

基本动作：左脚向前迈出一小步，屈膝半蹲，前脚掌着地，凸臀塌腰，重心在后，两手抱拳，两眼平视前方，如图4-68所示。左脚在前为左虚步，右脚在前为右虚步。

图4-65　　　　　图4-66　　　　　图4-67　　　　　图4-68

动作要点：挺胸、塌腰、凸臀，虚实分明。

练习方法：

（1）可先手扶一定高度的物体进行练习，或先把姿势放高些，然后逐渐按规格达到要求。

（2）逐渐延长原地静力性练习时间。

（3）可结合手型、手法练习。如做"左虚步勾手挑掌"跳转成"右虚步勾手挑掌"。

5. 歇　步

预备姿势：与虚步的预备姿势相同。

基本动作：两腿交叉靠拢全蹲，左脚全脚掌着地。脚尖外展，右脚前脚掌着地，膝部贴于前腿外侧，臀部坐于后腿接近脚跟处。两手抱拳于腰间，眼向左前方平视，如图 4－69 所示。左脚在前为左歇步，右脚在前为右歇步。

动作要点：挺胸，塌腰，两腿靠拢并贴紧。

练习方法：

（1）与虚步的（1）、（2）两点相同。

（2）交替做左右歇步，并结合手法进行练习，如歇步左右穿手亮掌。

6. 丁　步

预备姿势：与虚步的预备姿势相同。

基本动作：两腿屈膝半蹲，右脚全脚掌着地，左脚脚跟提起，脚尖向里扣，前脚掌虚点地面，脚面绷直，贴于右脚脚弓处，重心落于右腿上。两手抱拳于腰侧，眼向前平视，如图 4－70 所示。左脚尖点地为左丁步，右脚尖点地为右丁步。做丁步前常配合有侧跳、提膝下蹲、闪身收步等动作。

动作要点：虚点脚尽量立直，两腿全蹲，两腿夹靠紧。

练习方法：与虚步的练习方法相同。

图 4－69

图 4－70

（二）基本步法

1. 盖　步

预备姿势：两脚左右开立，与肩同宽，两手抱拳于腰间，如图 4－71 所示。

基本动作：重心左移，右脚提起，经左脚前向左侧横迈一步，右腿屈膝，脚尖外展；两腿交叉，重心偏于右腿，如图 4－72 所示。练习时，左右交替进行。

动作要点：横迈要轻灵，步幅要适当。

练习方法：先练习下肢动作，再配合手法练习。

2. 插 步

预备姿势：与盖步的预备姿势相同。

基本动作：重心左移，右脚提起，经左脚后向左侧横迈一步，脚前掌着地，两腿交叉，重心偏于左腿，如图4－73所示。练习时，左右交替进行。

动作要点与练习方法与盖步相同。

图4－71　　　　　　　　　图4－72　　　　　　　　　图4－73

3. 垫 步

预备姿势：两脚前后开立，同肩宽，两手抱拳，如图4－74所示。

基本动作：后脚离地提起，脚掌向前脚处落步，前脚立即以脚掌蹬地向前向上跳起，将位置让与后脚，然后再屈膝提腿向前落步，眼向前平视，如图4－75所示。

动作要点：跳起腾空时，要保持上体正直并侧对前方。

练习方法：先练习原地两脚移位动作，再进行行进间练习和结合手法、腿法的练习。

图4－74　　　　　　　　　　图4－75

4. 击 步

预备姿势：与垫步的预备姿势相同，如图4－76所示。

基本动作：上体前倾，后脚离地提起，前脚随即蹬地前纵；在空中时，后脚向前碰击前脚；落地时，后脚先落，前脚后落，眼向前平视，如图4－77、图4－78所示。

动作要点：与垫步的动作要点相同。

练习方法：先练习原地跃起两脚碰击动作，再逐渐增大向前向上跃起幅度，并进行行进间练习和结合手法练习。

图 4 - 76   图 4 - 77   图 4 - 78

5. 弧 形 步

预备姿势：与垫步的预备姿势相同。

基本动作：两腿略屈，两脚迅速连续向侧前方沿弧线行步；每步大小略比肩宽，眼向前平视，如图 4 - 79、图 4 - 80 所示。

动作要点：挺胸，塌腰，保持半蹲姿势；身体重心要平稳，不要有起伏现象；落步时，由脚跟迅速过渡到全脚掌，并注意转腰。

练习方法：在地上画一圆标志线，练习者保持半蹲姿势进行练习。

图 4 - 79   图 4 - 80

三、腿法训练与实践

（一）直摆性腿法

1. 正 踢 腿

预备姿势：两脚并步站立，两臂成侧平举，立掌，目视前方，如图 4 - 81 所示。

基本动作：左脚向前上半步，左腿支撑，右腿挺膝，脚尖勾起向前额处快速踢起，目视前方，如图 4-82 所示。练习时左右交替进行。

动作要点：挺胸、抬头、立腰。踢腿时，脚尖勾起绷落或勾起轻落。收髋，收腹，踢腿过腰后应加速，要有寸劲。

练习方法：

（1）可先做压腿和摆腿，然后再练习踢腿。

（2）可先踢低腿，适当放慢速度，然后过渡到按照规格要求完成练习。

（3）可先手扶器械，原地踢一条腿，然后再踢另一条腿。

（4）行进间左右交替踢腿。

2. 斜踢腿（十字腿）

预备姿势：与正踢腿的预备姿势相同。

基本动作：左脚向前上半步，左腿支撑，右腿挺膝，勾脚向异侧耳部踢起，目视前方，如图 4-83 所示。练习时左右交替进行。

动作要点及练习方法与正踢腿相同。

图 4-81　　　　　　　　图 4-82　　　　　　　　图 4-83

3. 侧踢腿

预备姿势：与正踢腿的预备姿势相同。

基本动作：左脚向前上半步，脚尖外展；右脚跟稍提起，身体略左转，右臂前伸，左臂后举。随即右腿挺膝，勾脚向右耳侧踢起，同时左臂上举亮掌，右臂屈肘立掌于左肩前，目视右前方，如图 4-84、图 4-85 所示。反之目视左前方。

动作要点：挺胸、抬头、立腰、开髋、侧身、猛收腹。

练习方法：与正踢腿的练习方法相同。

4. 外摆腿

基本动作：左脚向左前方上半步，右脚脚尖勾紧，向左侧上方踢起，经面前向右侧上方外摆，直腿落在左脚旁。眼向前平视。右掌可在右侧上方击响，也可不击响，如图 4-86、图 4-87 所示。练习时左右交替进行。

动作要点：挺胸、抬头、立腰、展髋。腿成扇形外摆，幅度要大。

练习方法：

（1）先压腿、踢腿，然后再做外摆腿。

（2）原地连续摆一条腿，也可按口令要求的速度摆，然后换腿。

（3）行进间摆腿，左右交替。

图 4－84　　　　图 4－85　　　　图 4－86　　　　图 4－87

5. 里合腿

预备姿势：与正踢腿的预备姿势相同。

基本动作：左脚上步，右脚尖勾起里扣并向上方踢起，经面前向左侧上方直腿摆动，落于左脚旁。左掌也可在左侧上方迎击右脚掌。目视前方，如图 4－88、图 4－89 所示。练习时左右交替进行。

动作要点：挺胸、抬头、立腰、合髋。腿成扇形里合，幅度要大。

练习方法：与外摆腿的练习方法相同。

图 4－88　　　　　　　　图 4－89

（二）屈伸性腿法

1. 弹　腿

预备姿势：两腿并立，两手抱拳。

基本动作：左腿支撑，右腿屈膝提起接近水平时，小腿猛力向前弹出，挺膝，力达脚尖。目视前方，如图4-90、图4-91所示。练习时左右交替进行。

动作要点：挺胸、抬头、立腰、收髋；弹踢要有寸劲，力达脚尖。

练习方法：

（1）可先弹低腿，然后增加高度。

（2）结合手法练习，如弹腿冲拳、推掌等。左右腿可交替练习。

（3）行进间做弹腿冲拳或弹腿推掌动作。

2. 蹬 腿

预备姿势：与弹腿的预备姿势相同。

基本动作：左腿支撑，右腿屈膝提起，脚尖勾起，以脚跟为力点向前猛力蹬出，挺膝，脚高过腰。目视前方，如图4-92所示。练习时左右交替进行。

动作要点：挺胸、抬头、立腰、脚尖勾紧；蹬出要脆、快、有力，力达脚跟。

练习方法：与弹腿的练习方法相同。

图4-90　　　　　　　图4-91　　　　　　　图4-92

3. 侧 踹 腿

预备姿势：与弹腿的预备姿势相同。

基本动作：左脚经右脚前盖步，随即左腿伸直支撑，右腿屈膝提起，脚尖勾起内扣，用脚底向右上方猛力踹出，脚高过腰，上体左倾。目视右侧方，如图4-93、图4-94所示。反之目视左前方。

动作要点：挺膝、展髋；踹腿要脆、快、有力。

练习方法：

（1）先做侧压腿、侧摆腿等练习，然后再做侧踹腿，可先踹低腿。

（2）可手扶一定高度的物体（如肋木等）做侧踹练习，以体会上体侧倒动作的要领。

（3）行进间左右交替做侧踹腿练习。

图 4 - 93

图 4 - 94

4. 阿修罗撩腿

预备姿势：并步直立，两手抱拳于腰侧，如图 4 - 95 所示。

基本动作：左脚向前上一大步，脚尖内扣，两手屈肘托掌，如图 4 - 96 所示。两手经头上向后绕环 180°，右手屈肘上托成佛手掌，左手叠掌托于右肘处，如图 4 - 97 所示。同时，右腿由下向上向后撩腿高于腰部，如图 4 - 98 所示，目视前方。

图 4 - 95

图 4 - 96

图 4 - 97

图 4 - 98

（三）击响性腿法

1. 单 拍 脚

预备姿势：两脚并立，两手抱拳于腰间，如图 4 - 99 所示。

基本动作：左脚上步，左腿支撑。右腿挺膝，脚面绷直向前上方快速踢摆。同时右拳变掌举于头右前上方，掌心朝前，迎击右脚面。目视前方，如图 4 - 100 所示。练习时左右交替进行。

动作要点：收腹、抬头、立腰。踢腿高度过胸，击拍脚要脆、快、响。

练习方法：先练习原地单腿拍脚，再练习行进间的左右腿交替拍脚。

2. 斜 拍 脚

预备姿势：与单拍脚的预备姿势相同。

基本动作：支撑腿伸直，全脚着地；另一腿脚面绷平向上踢摆，异侧手在额前迎拍脚面。击拍准确响亮。目视前方，如图4-101所示。

动作要点、练习方法与单拍脚相同。

3. 摆莲拍脚

预备姿势：与单拍脚的预备姿势相同。

基本动作：支撑腿伸直，全脚着地；另一腿做外摆腿动作，两手在额前依次迎拍脚面外侧，击拍准确响亮。目视前方，如图4-102所示。

动作要点、练习方法与单拍脚相同。

图4-99 　　　　图4-100 　　　　　　图4-101 　　　　　图4-102

4. 里合拍脚

预备姿势：与单拍脚的预备姿势相同。

基本动作：支撑腿伸直。脚跟翘起，脚掌着地；另一腿做里合腿动作，脚掌内扣，异侧手在额前击拍脚掌，击拍准确响亮。目视前方，如图4-103所示。

动作要点、练习方法与单拍脚相同。

（四）扫转性腿法

图4-103

1. 后 扫 腿

预备姿势：两脚并立，两手抱于腰侧。

基本动作：成左弓步，两掌向前推出，如图4-104所示。左脚尖内扣，左腿屈膝全蹲，成右仆步，同时上体前俯，两掌撑地，随上体向右后拧转的惯性力量，以左脚掌为轴，右脚贴地向后扫转一周，如图4-105、图4-106所示。

动作要点：转体、俯身、撑地、扫转要连贯协调，一气呵成。上下肢动作不要脱节。

练习方法：可先体会由拧腰带动扫腿的旋转要领，充分发挥转体、拧腰所造成的惯性力量，然后再逐步增加后扫腿的速度和力量。

图 4 – 104

图 4 – 105

图 4 – 106

2. 前 扫 腿

预备姿势：两脚并立，两手抱于腰侧。

基本动作：左脚向右腿后插步，同时两手由下向左、向上、向右弧形摆掌，右臂伸直，高与肩平，成侧立掌；左掌附于右上臂内侧，掌指向上。头部右转，目视右方，如图 4 – 107 所示。上体向左后转 180°，左臂随体转向左后方平至体左侧，稍高于肩；右臂随体转自然平移至体右侧，掌心朝前，掌指朝右下方。上体继续左转，左脚尖外撇。右掌从后向上、向前屈肘降落。同时，左臂屈肘，掌指朝上从右臂内侧向上穿出，变横掌架于头部左上方，拇指一侧向下。随即右掌下降并摆向身后变勾手，勾尖朝上。在左脚尖外撇的同时，左腿屈膝，左脚跟抬起，以左脚前脚掌碾地，右腿平铺，脚尖内扣，脚掌着地，直腿向前扫转一周，如图 4 – 108、图 4 – 109 所示。

动作要点：头部上顶，眼睛随体转平视前方，上体正直。在扫转时，始终保持右扑步姿势，保持身体重心平衡，右膝不要弯曲。

练习方法：

（1）可先做站立扫转动作（上肢动作按动作说明进行），左膝稍屈，右脚掌贴地旋转一周，以体会旋转时保持身体平衡的动作要领。

（2）初步掌握旋转要领后，再做扑步前扫的动作。可先用双手扶地增加支撑，借以维持身体平衡。待扑腿扫转的要领掌握后，再过渡到不扶地的扫腿练习。

图 4 – 107

图 4 – 108

图 4 – 109

四、平衡训练与实践

（一）直立平衡

1. 提膝平衡

预备姿势：并步站立。

基本动作：右腿伸直支撑，左腿屈膝提起（过腰），脚尖上翘，并垂扣于右腿前侧。右臂上举于头上亮掌，左臂反臂后举成勾手，目视左侧前方，如图4-110所示。两腿交替练习。

动作要点：挺胸、塌腰、收腹，平衡，站稳，提膝过腰，脚内扣。

练习方法：初学者可先练下肢提膝动作，逐渐配合上肢练习。

2. 朝天蹬

预备姿势：并步站立。

基本动作：右腿屈膝提起，右手从腿内侧托住脚跟，将右腿向右侧上方扳起；左臂上举于头上亮掌，如图4-111所示。两腿交替练习。

动作要点：挺胸、立腰、直背、展髋，两腿要稳固、持久。

练习方法：先一手扶物体练习，待站稳后，脱离支撑物进行完整练习。练习者应有一定的训练基础。注意循序渐进。

（二）屈蹲平衡

1. 扣腿平衡

预备姿势：并步站立。

基本动作：左腿屈膝全蹲，右腿屈膝勾脚贴扣于左膝腘窝处，脚背朝里；右臂上举于头上架掌，左拳向侧立拳冲出，如图4-112所示。

图4-110　　　　　图4-111　　　　　图4-112

动作要点：挺胸、塌腰、沉肩、落髋，支撑腿尽量下蹲接近水平，扣腿脚尖勾紧，平衡要稳固、持久。

练习方法：先高后低进行姿势练习，先练习下肢动作，逐渐配合上肢练习。

2. 盘腿平衡

预备姿势：并步站立。

基本动作：支撑腿屈膝半蹲；另一腿屈膝外展，小腿收提，脚面绷平或脚尖勾起，踝关节盘放在支撑腿的大腿上，挺胸塌腰，如图4－113所示。两腿交替练习。

动作要点：支撑腿大腿半蹲接近水平，完成动作要求速动速静、挺胸塌腰、体稍前压。

练习方法：扣腿平衡的练习方法相同。

（三）俯身平衡

1. 燕式平衡

预备姿势：并步站立。

基本动作：左腿屈膝提起，两掌在身前交叉，掌心向内。然后，两掌向两侧直臂分开平举，上体前俯，左脚绷平向后上方蹬伸，如图4－114、图4－115所示。

动作要点：两腿伸直，后举腿要高于头顶水平部位，脚面绷平，上体前俯，挺胸，抬头，腰后屈。

练习方法：初学者应先做后压腿、后扳腿、后撩腿、后下腰等辅助练习，以及扶撑支撑物练习。有一定基础后再脱离支撑物练习。

图4－113　　　　　　　图4－114　　　　　　　图4－115

2. 探海平衡

预备姿势：并步站立。

基本动作：支撑腿直立站稳，上体前俯略低于水平，挺胸抬头。后举脚伸直，高于水平，脚面绷平，异侧（或同侧）手臂向前下方探出；同侧（或异侧）手臂向后上举，如图4－116所示。

动作要点及练习方法同燕式平衡。

3. 望月平衡

预备姿势：并步站立。

基本动作：右腿伸直平稳支撑，右脚尖向左略转。左脚脚面绷直，小腿后屈，大腿向后上方伸，左膝向后斜下方。脚掌向右侧斜前上方，脚尖向右斜前方。同时，两臂向各自同侧斜后摆举，成反臂后摆举，两掌心均斜向内。上体略向右拧转。目视右前方，如图4－117所示。

动作要点：要求支撑腿平稳站立，上体挺胸塌腰，向支撑腿一侧拧转。上下肢动作协同完成，做到动静分明、稳健优美。

练习方法：初学者先做后撩腿、后控腿等辅助练习，以及扶撑支撑物练习。有一定基础后再脱离支撑物练习。先练下肢提膝动作，逐渐配合上肢练习。

图4－116 图4－117

五、跳跃训练与实践

1. 腾空飞脚

预备姿势：并步站立。

基本动作：右脚上步蹬地跃起，左脚前上摆踢，两臂向头上摆起，右手背迎击左手掌，如图4－118、图4－119所示。在空中，右脚向前上方踢摆，脚面绷直，右手迎击右脚面。同时左腿屈膝收控于右腿侧，脚面绷直。左掌摆至左侧方变勾手，上体微前倾。目视前方，如图4－120所示。

动作要点：踢摆腿脚高必须过腰，左腿在击响一瞬间，屈膝收控于右腿侧；在腾空的最高点完成击响动作。拍击动作必须连续、准确、响亮；在空中，上体正直，微向前倾，不要坐臀。

练习方法：初学者可先练单拍脚，原地起跳、助跑单拍脚等。熟练后进行身体腾空制动练习，并结合击手动作。

图 4 - 118　　　　　　图 4 - 119　　　　　　　　　图 4 - 120

2. 敦煌飞天

预备姿势：并步站立。

基本动作：左脚向前上步，右掌向右脚前方屈肘叠腕托掌，左手向后伸臂托掌，如图 4 - 121 所示，同时左脚用力蹬地向前跃起，右脚向前跨步下落，左腿勾起成"望月平衡"，左手由后向下向前弧形头上盖掌，右手由前向后弧形屈肘叠腕托掌，头向右看，如图 4 - 122 所示。

动作要点：蹬地有力，跨步迅速，立腰、挺胸、摆头、托掌一气呵成。

练习方法：

（1）先手脚分开慢速练习。

（2）手脚配合由慢到快强度练习。

图 4 - 121　　　　　　　　　图 4 - 122

六、跌扑翻滚训练与实践

（一）鲤鱼打挺

1. 推 撑 法

预备姿势：仰卧，身体伸直。

基本动作：两腿伸直向上收拢至接近头部，同时两手屈肘收至耳侧撑地，臀部离地，以肩胛和颈部着地支撑；两腿趁屈体的反弹力用力向上向后猛打，同时两手用力推撑地面，使之挺身腾起，两腿继续向下弧形摆动，似以脚找头；待两脚在身体重心稍后侧落地后，挺身立腰，仰头举臂，如图4－123、图4－124所示。

动作要点：身体必须成半圆环形，推撑和打腿要协调一致；两脚分开不得超过肩宽，打腿振摆要迅速。

图4－123

图4－124

练习方法：

（1）在他人的保护和帮助下，体会动作要领。帮助的方法是：站在练习者的侧面，当其仰卧两腿后伸时，将一只手贴于对方的肩胛部分；在练习者打腿、挺腹时，乘势向上托起，帮助练习者加大振摆完成动作。

（2）先做两手在两耳侧推地的振摆打挺，然后再逐步做到脱手的振摆打挺。

2. 推腿法

基本动作：做法与推撑法基本相同，唯两手始终扶于大腿，当挺髋打腿时，适当加力推腿，以助腿速，如图4－125、图4－126所示。

动作要点及练习方法与推撑法基本相同，唯两手始终扶于大腿。

图4－125

图4－126

（二）侧空翻

1. 前带臂侧空翻

预备姿势：两脚左前右后错步站立，两臂向前斜上举，眼向前平视。

基本动作：左脚前进一大步，屈膝前弓，膝屈约130°，小腿与地面接近垂直，同时两臂向后抡绕至体前下方，眼向前平视，如图 4 – 127 所示。两臂向前上方摆起，同时右腿用力向后上方摆起，左脚蹬地跳起并上摆，使身体腾空翻转，右、左脚依次落地缓冲，如图 4 – 128 所示。

动作要点：翻转要快，两腿要直。

练习方法：

（1）先做侧手翻，提高摆腿速度。

（2）在教师的保护和帮助下体会动作要领，然后逐步脱离保护。

图 4 – 127

图 4 – 128

2. 后带臂侧空翻

基本动作：与"前带臂侧空翻"的做法基本相同，唯动作第二式的带臂动作变为两大臂用力向后上方提肘。

动作要点：展髋，提腰，翻转要快，两腿要直。

练习方法：与前带臂侧空翻相同。

第五章 敦煌拳套路教学与实践

敦煌拳套路练习必须根据其独树一帜的特点，要求动作规范，手、眼、身、步配合协调，意识、呼吸紧密结合，达到内外合一，形神兼备。通过敦煌拳的锻炼，不仅使人掌握攻防格斗技术，还能提高人体各系统机能和各种身体素质，并为进一步学习敦煌拳艺器械项目打下良好的基础。

第一节 敦煌拳健身套路教学与实践

一、动作名称

第一段：天神托马　万念归一　三危揽胜　青龙吐水　阿修罗撩腿（左、右）劳度叉斗　老僧脱靴　摩诘献书（左、右）　天神托马　玉女托盘

第二段：童子拜佛　罗汉伏虎　玉女穿梭　玉女歇步托盘　天神托马　阿修罗撩腿莲台抚琴　高虚步托盘　万念归一　碧落正身

二、动作说明

（一）第一段

预备式：八字型站立，如图5-1所示。

演练过程：两脚前脚掌开立成八字形，两手自然下垂于身体两侧。

动作要点：挺胸、抬头、立腰，两眼平视前方。

1. 天神托马

演练过程：两手在腹前相合上举于头正上方，如图5-2所示。两手掌心向外分开成侧平举，如图5-3所示。随后两手继续向下于腿两侧，同时两手在腹前相并、掌心内转上举于头上方，两手臂快速分开成托掌，两肘稍高于肩，两腿屈膝外分，如图5-4所示。

动作要点：立腰、凸臀、沉肩，掌根发力。

图5-1

图 5 – 2   图 5 – 3   图 5 – 4

2. 万念归一

演练过程：两手头上相合，两腿屈膝不动，如图 5 – 5 所示。随后两手掌心外翻，经腰两侧屈肘翻腕拧腰切胯穿掌，头向后摆，如图 5 – 6 所示。两腿直立，两手经身体两侧掌心内翻、直臂胸前相合，如图 5 – 7 所示。两臂屈肘下垂，掌心相合，两腿屈膝下蹲，如图 5 – 8 所示。

动作要点：立腰、凸臀、沉肩，心神合一。

图 5 – 5   图 5 – 6   图 5 – 7   图 5 – 8

3. 三危揽胜

演练过程：两手经身体两侧快速分开成平举，掌心朝上，左腿提膝独立，如图 5 – 9 所示。随后两臂沉肩曲肘、掌心向上托掌，大小臂夹角呈 90°，右肘稍高于肩，左肘低于肩部，同时左脚向左胸前方点步成虚步，眼向左转，如图 5 – 10 所示。

动作要点：凸臀、立腰，掌根向上发力，摆头与托掌协调配合一致。

图 5 – 9   图 5 – 10

4. 青龙吐水

演练过程：身体右转，左手由左向上、向右划立圆，屈肘盖于肩侧，右掌变金刚拳收于右腰间，重心在右腿，如图 5－11 所示。随后左脚向左开步，右脚向左蹬转、跟进成麒麟步，右拳经腰间向前冲拳，如图 5－12 所示。

动作要点：拧腰右肩盖掌应凸臀立腰，冲拳要快，手、眼、身、法、步协调配合。

图 5－11　　　　　　　　　　　　　　图 5－12

5. 阿修罗撩腿（左、右）

演练过程：右脚上步，重心在右腿，两手不变，如图 5－13 所示。右脚蹬地拧腰向后转体成左麒麟步，两手由下向右向上屈肘托掌，掌根发力，突出掌根，如图 5－14 所示。随后左腿向后插步，重心在右腿，同时两手由前向上向后划立圆、屈肘托掌于左腿后侧，头向后看，如图 5－15 所示。完成动作后，右腿向后撩腿，两手由后向下向上撩掌，如图 5－16 所示。右脚快速向下落步成麒麟步，两手屈肘上托于左胸前上方，眼向前看，如图 5－17 所示。随后左腿向后撩腿，同时右手由前向上托肘叠腕，左手由下向后向上撩掌，两掌心向上，眼向后看，如图 5－18 所示。左脚快速向下落步成麒麟步，左手由后向下向上轮臂、屈肘托掌于左胸前方，右手向下屈肘托掌在左胸处，眼向前看，如图 5－19 所示。

图 5－13　　　　　　　　图 5－14　　　　　　　　图 5－15

动作要点：立腰凸臀，突出掌力，撩腿快速有力，特别注重身法的协调性。

图 5 - 16　　　　　　　　图 5 - 17　　　　　　　　图 5 - 18

6. 劳度叉斗

演练过程：左脚向后移半步，左掌向上托掌，右掌向后打开，如图 5 - 20 所示。随后右脚蹬地，身体向左后转身成麒麟步，同时左掌向上托于头上，右掌由右向上向左弧形插掌，如图 5 - 21 所示。

动作要点：转身快速，挺胸凸臀，身形饱满。

图 5 - 19　　　　　　　　图 5 - 20　　　　　　　　图 5 - 21

7. 老僧脱靴

演练过程：身体稍左转，两掌左胸前相合，下肢不动，如图 5 - 22 所示。右腿提膝向前勾脚屈膝侧踹，同时两肘胸前相合，右手屈肘向右耳后方托掌，左手向右脚上方屈肘叠腕托掌，如图 5 - 23 所示。

动作要点：拧腰切胯，侧踹有力。

8. 摩诘献书（左、右）

演练过程：右脚向前屈膝落步，两手不变，如图 5 - 24 所示。随后左脚上步成左麒麟步，左手翻掌屈肘上托，掌指向前，右手提肘下按，掌指向后，如图 5 - 25 所示。动作完成后，左前脚掌蹬地向右后转体成右麒麟步，左右手动作相反，抬头向前，如图 5 - 26 所示。

动作要点：上步快、落步稳，立腰凸臀，突出左托右按、右托左按的掌根力量。

图 5－22　　　　　　　图 5－23　　　　　　　图 5－24

图 5－25　　　　　　　　　　　图 5－26

9. 天神托马

演练过程：身体左转，两手翻掌收于腰间，向胸前合掌，掌指朝上，两腿屈膝下蹲成马步，如图 5－27 所示。随即两手经腰间向上举掌，掌心向内，头向上看，两腿伸直，如图 5－28 所示。随后两手经身体两侧划立圆收掌于腰两侧，掌心朝上，两腿屈膝成马步，如图 5－29 所示。随即两手经腰间向上举掌，两脚用力蹬伸腾空，同时发声"哈"，两脚落步成马步，两臂屈肘翻腕托掌，如图 5－30 所示。

图 5－27　　　　　图 5－28　　　　　图 5－29　　　　　图 5－30

动作要点：手、眼、身、法、步协调配合，突出掌根的力量。

10. 玉女托盘

演练过程：右脚向后插步，右掌收于腰间，同时左脚蹬地向后转体 180°成右麒麟步，左掌随着身体的转动屈肘托掌在右肩上方，头向后看，如图 5－31 所示。随后拧腰挫胯，身体左转，左掌按掌于右肩侧，右掌由下向上快速屈肘翻腕上托，掌指向后，如图 5－32 所示。

动作要点：插步转体要快，立腰凸臀、拧腰挫胯、翻腕托掌协调配合，突出气、力、功，精、气、神。

图 5－31　　　　　　　　　　　图 5－32

（二）第二段

11. 童子拜佛

演练过程：重心前移成麒麟步，两手胸前拍掌，如图 5－33 所示。随后左脚收回成左丁字步，两手翻腕掌心朝上经腰间向后穿掌，眼向后看，如图 5－34 所示。完成动作后，左脚快速向前上一大步，两手经身体两侧向内向前拍掌，如图 5－35 所示。右脚跟进成麒麟步，同时两臂沉肩屈肘，两掌相合胸前、成跪步拜佛状，眼视前方，如图 5－36 所示。

图 5－33　　　　　　图 5－34　　　　　　图 5－35　　　　　　图 5－36

动作要点：丁字步拧腰穿掌、上步拍掌，协调配合，一气呵成。

12. 罗汉伏虎

演练过程：右脚向前上步、成右麒麟步，两掌前后快速伸展、屈肘、叠腕、托肘，掌心向上，眼向右看，如图5－37所示。随后重心下移成跪步，左臂由外向内屈臂、盘肘、下栽拳，拳面向下，右臂由外向内屈臂、盘肘，拳心向外，头向左转，如图5－38所示。

动作要点：上步、盘肘、立腰凸臀、沉肩摆头，协调配合，突出节奏。

图5－37　　　　　　　　　　图5－38

13. 玉女穿梭

演练过程：左脚向前，脚跟擦地，脚尖下扣向前戳出，左拳变掌向前穿出，屈肘托掌，右拳变掌盖于左胸前，眼看前方，如图5－39所示。随后右脚向前戳出（同左脚动作），右拳变掌向前穿出，屈肘托掌，左拳变掌盖于左胸前，眼看前方，如图5－40所示。

动作要点：戳脚、擦掌注意配合，突出劲道和掌根。

图5－39　　　　　　　　　　图5－40

14. 玉女歇步托盘

演练过程：身体左转，左脚向右脚后插步，两臂左右屈臂、托掌，眼看左掌，如图5－41所示。随后左掌由右向下向左向上，翻腕、屈臂向上托掌，掌指向前，右手掌心翻下提肘、屈臂、按掌，掌指向后，两腿屈膝下蹲成歇步，头向前看，如图5－42所示。

动作要点：右手托掌、左手按掌与摆头、立腰凸臀协调一致，突出掌根力度。

图 5 –41　　　　　　　　　　图 5 –42

15. 天神托马

演练过程：右脚向右横跨一步，身体右转，两手翻掌收于腰间，掌心朝上，两腿屈膝下蹲成马步，如图 5 –43 所示。随即两手经腰间向上举掌，掌心向内，头向上看，两腿伸直，如图 5 –44 所示。随后两手经身体两侧划立圆、收掌于腰两侧，掌心朝上，马步不动，如图 5 –45 所示。随即两手经腰间向上举掌，两脚用力蹬伸腾空，同时发声"哈"，两脚落步成马步，两臂屈肘、翻腕、托掌，如图 5 –46 所示。

动作要点：手、眼、身、法、步协调配合，突出掌根的力量，用丹田之处，发声有力。

图 5 –43　　　　　图 5 –44　　　　　图 5 –45　　　　　图 5 –46

16. 阿修罗撩腿

演练过程：两手由上向右向下划立圆于右肩侧，右手向右屈臂托掌，左手托掌附于右肩旁，两掌心朝上，同时左脚向右后插步、半蹲，眼看右手，如图 5 –47 所示。随后右腿向后撩腿，两手由后向下向上撩掌，如图 5 –48 所示。右脚快速向下落步成麒麟步，左手屈肘托掌于左肩前上方，右手屈肘托掌收于左胸前，眼向前看，如图 5 –49

所示。

图 5 – 47   图 5 – 48   图 5 – 49

动作要点：立腰凸臀，突出掌力，撩腿快速有力，特别注重身法的协调性。

17. 莲台抚琴

演练过程：右脚向后撤半步，右手向左肩前叉掌，掌心向上，左手掌心向下盖于右肩侧，眼向左看，如图 5 – 50 所示。随后重心快速右移成右弓步，右手胸前拉开，掌心向上、掌根贴于右耳旁成"睡式"，左手向左肩前方屈肘、展臂、托掌，眼看左手，如图 5 – 51 所示。

动作要点：展臂、托掌，犹如"敦煌睡佛"身法自然。

图 5 – 50   图 5 – 51

18. 高虚步托盘

演练过程：两手由上向下向上划立圆，左手掌心向下头上盖掌，右手向后摆臂屈肘托掌，左腿屈膝后摆，立腰收髋，脚掌心向上，头向后看，如图 5 – 52 所示。左脚向左侧前方高虚步点地，右手掌心向上收于腰间，随即右手向前叉出，屈肘托掌，掌心高于右肩侧，掌指向前，左掌由头上经腰间向后提肘、按掌，掌指向后，摆头向前看，如图 5 – 53 所示。

动作要点：拧腰托掌快速有力，摆头、右托、左按一气呵成，突出节奏、劲力。

注：为了便于示范高虚步托盘动作的效果，将正常的背面图示进行了侧面演示。

图 5 - 52　　　　　　　　　　　　图 5 - 53

19. 万念归一

演练过程：左脚向右脚收回，两脚前脚掌外分成八字，两手变立掌在胸前直臂相合，眼看前方，如图 5 - 54 所示。随后两手掌心外翻，经腰两侧屈肘翻腕、拧腰切胯、穿掌，头向后摆，如图 5 - 55 所示。两手经身体两侧，掌心内翻、直臂胸前相合，两腿直立，两眼平视前方，如图 5 - 56 所示。完成动作后，两臂沉肩、屈肘，掌心相合，两腿屈膝下蹲，如图 5 - 57 所示。

动作要点：立腰、凸臀、沉肩，心神合一。

图 5 - 54　　　　图 5 - 55　　　　图 5 - 56　　　　图 5 - 57

20. 碧落正身

演练过程：两腿伸直，两腿屈膝下蹲，两臂经腹前向下划立圆直臂上托，掌心向上，如图 5 - 58 所示。随后两手掌心向下缓缓下按于腹前，身体保持中正，如图 5 - 59 所示。左脚向前上一步，右脚跟进成并步，两手自然放于身体两侧，两眼平视前方，如图 5 - 60 所示。

动作要点：手、眼、步协调放松，身体自然中正。

图 5 – 58

图 5 – 59

图 5 – 60

第二节　敦煌拳教学与实践

一、动作名称

起势：（天神托马、万念归一）

第一段：1. 三危揽胜　2. 青龙吐水　3. 力推昆仑　4. 远眺阳关　5. 敦煌飞天

　　　　6. 脚踩莲花　7. 阿修罗撩腿　8. 摩尼出洞　9. 白蛇吐芯　10. 降龙摆尾

　　　　11. 怀抱琵琶　12. 风捲沙柳

第二段：13. 金刚站殿　14. 童子献果　15. 药叉降魔　16. 天马行空　17. 阿修罗撩腿

　　　　18. 劳度叉掌　19. 旋斩石人　20. 太子三锤　21. 弯弓射雕　22. 天女散花

第三段：23. 童子拜佛　24. 罗汉伏虎　25. 玉女穿梭　26. 敦煌飞天　27. 力转乾坤

　　　　28. 莲台抚琴　29. 风摆杨柳　30. 飞天合臂　31. 玉女托盘　32. 天神托马

第四段：33. 砂海降龙　34. 老僧脱靴　35. 摩诘献书　36. 天女散花　37. 女娲补天

　　　　38. 脚踩莲花　39. 腾空修罗　40. 反弹琵琶　41. 天神托马　42. 万念归一

收势：碧落正身

二、动作说明

（一）起 势

图 5 – 61

1. 预 备 式

演练过程：两脚前脚掌开立成八字形，两腿直立，两手自然下垂于身体两侧，如图 5 – 61 所示。

动作要点：挺胸、抬头、立腰，两眼平视前方。

2. 天神托马

演练过程：两手以腕关节为轴向内切腕外旋360°，掌心朝上，如图5-62所示。两手由腰两侧经胸前、向上穿于两耳旁，随即两手臂向肩两侧快速外分屈肘托掌，两肘高于肩部，大小臂之间夹角大于90°，两腿下蹲，屈膝外分，如图5-63所示。

动作要点：立腰、凸臀、沉肩、圆裆，掌根发力。

图5-62　　　　　　　图5-63

3. 万念归一

演练过程：两手胸前相合，两腿屈膝半蹲不动，两眼平视前方，如图5-64所示。随后两手由上向下向外旋转，掌心翻外、经腰两侧屈肘翻腕向后传出，两腿不变，如图5-65所示。两手经身体两侧、掌心内翻，由身体两侧直臂胸前相合，两腿自然伸直，两眼平视前方，如图5-66所示。两臂缓缓屈肘下垂，掌心相合，两腿屈膝下蹲，如图5-67所示。

动作要点：立腰、凸臀、沉肩、圆裆，心神合一。

图5-64　　　　　图5-65　　　　　图5-66　　　　　图5-67

（二）第一段

1. 三危揽胜

演练过程：两手经身体两侧快速分开成平举，掌心翻上，两腿下蹲不动，如图5-68

所示。随后两臂沉肩、屈肘，掌心向上托掌，大小臂夹角大于90°，右肘稍高于肩，左肘低于肩，同时左腿提膝前点成左虚步，眼向左转，如图5－69所示。

动作要点：凸臀，立腰，掌根向上发力，摆头与托掌协调配合一致。

图5－68　　　　　　　　　　　　　　　　图5－69

2. 青龙吐水

演练过程：左脚收于右脚旁、成丁字步，左臂屈肘盖掌于右胸前，如图5－70所示。随即左脚向左上步成半蹲，左掌由胸前向下向左划弧、屈肘、向左搂掌，眼向左看，如图5－71所示。重心前移下蹲，右掌变拳由腰间向前冲拳，目视前方，如图5－72所示。

动作要点：搂掌、冲拳协调配合，快速有力。

图5－70　　　　　　　　图5－71　　　　　　　　图5－72

3. 力推昆仑

演练过程：右腿屈膝震脚，左腿快速扣于右膝内侧，两手经头上轮臂劈掌，掌沿发力，如图5－73所示。随后左脚快速向前上步，两腿屈膝下蹲成麒麟步，右手从腰间快速向前推掌，沉肩坠肘，力达掌根，左臂成弧形收于腹前，掌心向后，两眼平视前方，如图5－74所示。

动作要点：含胸拔背，劈掌快速有力，震脚、推掌协调配合，一气呵成。

图 5 - 73

图 5 - 74

4. 远眺阳关

演练过程：两腿不变，左手向前划弧托掌，右手由前向上向后划立圆身后托掌，眼向后看，如图 5 - 75 所示。随后身体快速左转，左手继续由前向上向后划弧至左肩后侧托掌，右手立掌收于腰间，重心在左腿，如图 5 - 76 所示。完成动作后，右手掌心向上从腰间向前插掌，同时右腿提膝勾脚向前蹬出并快速提膝收回，图 5 - 77 所示。

动作要点：拧腰插掌，提膝前蹬协调配合，一气呵成。

图 5 - 75

图 5 - 76

图 5 - 77

5. 敦煌飞天

演练过程：右脚向前落步，右手由前向上向后划立圆于身后屈肘托掌，手由后向下向前弧形头上盖掌，左腿屈膝后摆，立腰收髋，脚掌心向上，重心前移，头向后看，如图 5 - 78 所示。

动作要点：立腰收髋，屈膝后摆，突出脚掌向上的力度。

6. 脚踩莲花

演练过程：重心前移弧形步上左脚，脚跟外展，上肢不动，如图 5 - 79 所示。右脚弧形上步脚尖内扣，上肢不动，如图 5 - 80 所示。左、右脚的动作再做一组，即图 5 - 81 与图 5 - 79 动作相同，图 5 - 82 与图 5 - 80 动作相同。随后左脚向前上步左转，两腿屈膝成麒麟步，两手

图 5 - 78

由上向右向下向左双托掌，如图5-83所示。

图5-79　　　　　　　图5-80　　　　　　　图5-81

图5-82　　　　　　　图5-83

动作要点：弧形上五步，快速轻灵，步如"脚踩莲花，连连高升，翩翩起舞"。

7. 阿修罗撩腿

演练过程：左脚向右脚后插步，左手由上向右向后180°划立圆、屈肘托掌于右肩侧，右手由左向上向后划立圆、屈肘托掌于右肩侧，头向右看，如图5-84所示。随后右腿向后撩腿，两手由后向下向上撩掌，如图5-85所示。右脚快速向下落步成麒麟步，左手屈肘托掌于左肩前上方，右手屈肘托掌收于左胸前，眼向前看，如图5-86所示。

图5-84　　　　　图5-85　　　　　　　　图5-86

动作要点：撩腿快速有力，特别注重手、眼、身、法、步的协调配合。

8. 摩尼出洞

演练过程：左脚向后插步，身体左转成半马步，左手向下划弧、屈肘托掌于左侧，右手抱拳收于腰间，如图 5－87 所示。随后右脚用力后蹬，身体左转成麒麟步，右手立拳从腰间冲出，左手屈肘立掌盖于右肩侧，如图 5－88 所示。

动作要点：插步、转身协调配合，冲拳快速有力。

图 5－87　　　　　　　　　　　　　　图 5－88

9. 白蛇吐芯

演练过程：右拳随身体右转向前向上划弧、抱拳于腰侧，左掌向下划弧、屈肘托掌于左侧，身体左转成半马步，眼向前看，如图 5－89 所示。动作完成后，右脚向前擦地前蹬，脚尖上翘，同时右拳由腰间做斜上抄拳，拳心向内，与眼同高，左手屈肘立掌盖于右肩侧，如图 5－90 所示。

动作要点：踢丁步、上抄拳应配合一致，快速有力。

图 5－89　　　　　　　　　　　　　　图 5－90

10. 降龙摆尾

演练过程：身体向左后转，左脚向右后插步成高歇步，右拳收于腰间，左掌向前屈肘托掌，眼看前方，如图 5－91 所示。随后右腿向后撤步成左弓步，左臂快速向前盘肘横击，左掌护于右拳面，如图 5－92 所示。

图 5 - 91   图 5 - 92

动作要点：撤步、盘肘横击快速有力，手、眼、身、法、步协调配合，一气呵成。

11. 怀抱琵琶

演练过程：左脚向后撤步，两手头上云掌，完成动作后，掌心向上于左胸前交叉，两腿成半马步，重心在左腿，如图 5 - 93 所示。随后右脚勾脚、提膝于胸前，两手屈腕绷臂抱于胸前，眼看左手，如图 5 - 94 所示。

动作要点：云手应以腰带手，提膝、绷臂协调配合，呈现含胸拔背之力。

图 5 - 93   图 5 - 94

12. 风捲沙柳

图 5 - 95

演练过程：右脚向左脚前方落步，两掌头上交叉，如图 5 - 95 所示。随后以右脚为轴，左腿提膝向左后转体 540°，同时两手头上舞花，如图 5 - 96 所示。完成动作后，左脚向左落步，右手由右肩向背后穿掌，左手屈肘托掌于左肩前，如图 5 - 97 所示。随即身体左转，左手由左肩向背后穿掌，右手屈肘托掌于右肩前，如图 5 - 98 所示。身体重心前移成半马步，左手由下向前向上托掌，肘膝相对，如图 5 - 99 所示。

动作要点：舞花手与 540°转体协调配合（身如旋风），左、右背后穿掌，以腰带手，以手领腰，一气呵成。

图 5－96　　　　　图 5－97　　　　　图 5－98　　　　　　图 5－99

（三）第 二 段

13. 金刚站殿

演练过程：身体重心前移，两手左肩前方击掌，如图 5－100 所示，随后重心右移，右手立掌收于腰间，左手屈肘托掌盖于右肩侧，如图 5－101 所示，随即左脚丁步与肩同宽，右手肩上屈腕托掌，左手按于左髋旁，头向左转，如图 5－102 所示。

动作要点：丁步、左按、右托、摆头一气呵成，突出右手托掌的力度。

图 5－100　　　　　　　图 5－101　　　　　　　图 5－102

14. 童子献果

演练过程：左脚向左开一小步，左手向上与右手外侧于头前交叉，如图 5－103 所示。随后身体左转，右脚向左脚前方上步，两手头上舞花，如图 5－104 所示。完成动作后身体继续左转，两手快速由头上向身体两侧分掌，如图 5－105 所示。随即身体左转，左脚向左侧前方上步成麒麟步，两手由腰间翻腕上穿，经胸前于下腭处托掌，掌指外分，掌根相对，如图 5－106 所示。

动作要点：上步、转身、舞花一气呵成，翻腕上穿、下腭托掌，应协调配合，快速有力。

| 图 5 – 103 | 图 5 – 104 | 图 5 – 105 | 图 5 – 106 |

15. 药叉降魔

演练过程：重心上移，右腿提膝向前勾脚侧踹，左手向左肩前屈肘托掌，右手向后提肘按掌，掌指向后，如图 5 – 107 所示。随即右脚向左脚前快速震脚，两手经腰两侧向下、向上、向前、向右脚前方腾空双拍地，同时身体右转成右麒麟步，如图 5 – 108 所示。

动作要点：侧踹、震脚要快速，拍地要有力。

图 5 – 107   图 5 – 108

16. 天马行空

图 5 – 109

演练过程：身体左转成马步，两手由两侧向上屈肘叠腕托掌，同时向左切胯摆腰，如图 5 – 109 所示。随即向右切胯摆腰，如图 5 – 110 所示。随后两脚用力蹬地腾空跃起，右腿后摆、左腿后撩，两手屈肘向上托掌，如图 5 – 111 所示。右、左脚依此落地成右麒麟步，两手屈肘叠腕托掌下坠于肩两侧，如图 5 – 112 所示。随即右脚上步成麒麟步，左手向前托掌，右手托掌于左胸前，如图 5 – 113 所示。

动作要点：左、右切胯摆腰要连贯协调一致，右摆后撩腾空要有力，突出向左腾空运行的力度。

图 5 – 110　　　　　图 5 – 111　　　　　图 5 – 112　　　　　图 5 – 113

17. 阿修罗撩腿

演练过程：身体向左后转，右脚向左脚前方上步，两手逆时针划立体"S"形、向左托掌，同时右脚向左脚后插步，两手向上向右屈肘叠腕托掌，头向右看，如图 5 – 114 所示。随后右腿向后撩腿，两手由后向下向上撩掌，如图 5 – 115 所示。右脚快速向下落步成麒麟步，左手屈肘托掌于左肩前上方，右手屈肘托掌收于左胸前，眼向前看，如图 5 – 116 所示。

动作要点：上步、转身、插步、后摆要连贯协调，一气呵成，撩腿要快速有力，特别注重手、眼、身法、步的协调配合。

图 5 – 114　　　　　　图 5 – 115　　　　　　图 5 – 116

18. 劳度叉掌

演练过程：左脚向右脚后插步，身体左转，左手向上向左划弧，两手展臂托掌，如图 5 – 117 所示。随后身体继续左转至正对前方，左手屈肘叠腕托掌于左耳旁，右手向前插掌，同时右脚跟步成麒麟步，如图 5 – 118 所示。

动作要点：转身快速，挺胸凸臀，身形饱满。

图 5 – 117

图 5 – 118

19. 旋斩石人

图 5 – 119

演练过程：重心移至右腿，左腿屈膝上提，脚尖勾起，左手立掌收于腰间，右手由右向左抡臂砍掌，如图 5 – 119 所示。

动作要点：拧腰顺肩、提膝砍掌连贯完成，力达掌沿。

20. 太子三锤

演练过程：下肢不动，右手向外旋转变拳置于胸前，拳心向上，如图 5 – 120 所示。左脚向前落步，右腿屈膝勾脚提起，同时左掌变拳从腰间向前冲拳，右拳收于腰间，如图 5 – 121 所示。随后右脚向前落步，左腿屈膝勾脚提起，同时右拳从腰间向前冲拳，左拳收于腰间，如图 5 – 122 所示。随即左脚向前落步，右腿屈膝勾脚提起，同时左拳从腰间向前冲拳，右拳收于腰间，如图 5 – 123 所示。

动作要点：提膝快速，冲拳有力，力达拳面。

图 5 – 120

图 5 – 121

图 5 – 122

图 5 – 123

21. 弯弓射雕

演练过程：上肢不变，右脚向前落步，如图 5 – 124 所示。随后身体左转，左脚向右脚后插步成右弓步，左臂屈肘收于左耳旁，拳心向外，右拳由腰间向右冲拳，拳心向内，重心落于右腿，头向右看，如图 5 – 125 所示。

动作要点：转体、插步、摆头、冲拳连贯完成，力达拳面。

图 5 – 124　　　　　　　　　　图 5 – 125

22. 天女散花

演练过程：右脚向后撤步，两手由右向上向左抡臂推掌，随后左手向下逆时针抡臂于左肩前、屈臂叠腕托掌，右手由左向下向右向上于头上屈臂盖掌，同时左腿屈膝勾脚收于左胸前，如图 5 – 126 所示。

动作要点：两手立圆抡臂一气呵成，立腰探肩，身法自然。

图 5 – 126

（四）第 三 段

23. 童子拜佛

演练过程：重心前移上左步，身体右转，两手于左肩前上方立掌交叉，如图 5 – 127 所示。随后身体左转，右脚向左脚前方上步，两手头上舞花，如图 5 – 128 所示。完成动作后，左脚向后插步，两手由肩部经腋下向背后穿掌，头向前看，如图 5 – 129 所示。随即身体向左后转成左弓步，两手向前抡臂击掌，如图 5 – 130 所示。随后右脚向前跟进半步成左麒麟步，同时两臂沉肩屈肘，两掌相合于胸前成拜佛状，眼看前方，如图 5 – 131 所示。

图 5 – 127　　　　　　图 5 – 128　　　　　　图 5 – 129

图 5 – 130 图 5 – 131

动作要点：退步穿掌、转身击掌连贯协调，击掌有力，手、眼、身、法、步协调配合，一气呵成。

24. 罗汉伏虎

演练过程：右脚向前上步成右弓步，两手变掌经两侧平举，拳心向上，眼向右看，如图 5 – 132 所示。随后重心下移成麒麟步，左臂由外向内屈臂盘肘成下载拳，拳面向下，右臂由外向内屈臂盘肘于胸前，拳心向下，头向左转，如图 5 – 133 所示。

动作要点：上步、盘肘、立腰凸臀、沉肩摆头，协调配合，突出节奏。

25. 玉女穿梭

演练过程：左脚向前，脚跟擦地，脚尖上翘向前戳出，左拳变掌向前穿出，右拳变掌盖于左胸前，眼看前方，如图 5 – 134 所示。随后右脚向前戳出，右拳变掌向前穿掌，左掌盖于右胸前，眼看前方，如图 5 – 135 所示。

动作要点：戳脚、擦掌注意配合，突出劲道和掌根。

图 5 – 132 图 5 – 133 图 5 – 134 图 5 – 135

26. 敦煌飞天

演练过程：重心前移，左脚向前上步，如图 5 – 136 所示。同时左脚用力蹬地向前跃起，右脚向前跨步下落，左腿勾起成"望月平衡"，左手由上向下向前划弧形于头上

90

盖掌，右手由上向下向后向上划弧形屈肘叠腕托掌，头向右看，如图 5 – 137 所示。

动作要点：蹬地有力，跨步迅速，立腰、挺胸、摆头、托掌一气呵成。

图 5 – 136　　　　　　　　　　　　图 5 – 137

27. 力转乾坤

演练过程：左脚向前落步，两手打开，同时右脚向前上步，身体左转，两臂以肩关节为轴拧身抢臂，两掌心向前，如图 5 – 138 所示。随后左脚向后插步，身体向左后方拧身翻转 360°，两臂仍以肩关节为轴随身抢臂，如图 5 – 139 所示。随即右脚跟进成左麒麟步，左手屈肘叠腕于左耳旁，掌心向上，掌指向外，右手向前快速插掌，掌心向内，如图 5 – 140 所示。

动作要点：转身抢臂，以腰带手，两臂以肩为轴划弧 360°，全身协调配合、连贯完成。

图 5 – 138　　　　　　图 5 – 139　　　　　　图 5 – 140

28. 莲台抚琴

演练过程：重心后移成半马步，左手在右臂肘关节处交叉于右胸前，如图 5 – 141 所示。右脚向后撤半步，两手向两侧屈腕绷臂，右手落于右耳侧，眼看左手，如图 5 – 142 所示。

动作要点：沉肩坠肘，立腰凸臀。

图 5－141

图 5－142

29. 风摆杨柳

演练过程：右脚向后插步，同时左手砍掌，右手于腰间屈肘叠腕，如图 5－143 所示。随即退左脚与上动作相同，方向相反，如图 5－144 所示。随后退右步，右掌向下向后砍掌，左脚向右脚并步向右后转体360°、屈膝、双震脚，两手收于腰间，掌心朝上，如图 5－145 所示。完成动作后，两手由腰间经胸前于耳旁向上双托掌，与肩同宽，左脚与身体左侧勾脚屈膝，右腿稍屈独立，如图 5－146 所示。

动作要点：左、右退步、砍掌协调配合，旋转快速，震脚有力，一气呵成。

图 5－143

图 5－144

图 5－145

图 5－146

30. 飞天合臂

演练过程：左脚向前落步，左手向前托掌，如图 5－147 所示。随后右手经腰间向前穿掌，同时右脚向前弹踢，身体后仰，左掌击拍右臂肘处，如图 5－148 所示。随即身体前扑，依次右掌背击打右腿面，左掌心击打右腿面，同时右腿屈膝绷脚后摆，脚掌心朝上，右手由下向后向上抡臂至左肩前与左手击掌，如图 5－149 所示。

动作要点：穿掌、弹踢有力，身形大开大合。

图 5－147　　　　　　　　图 5－148　　　　　　　　图 5－149

31. 玉女托盘

演练过程：右脚向后落脚，右手由上抡臂收于腰间，左手由上抡臂屈肘叠腕托于右肩上，如图 5－150 所示，随后拧腰挫胯，身体左转，左掌安掌于右肩侧，右掌由下向后向上开肩、屈肘、翻腕上托，掌指向后，如图 5－151 所示。

动作要点：立腰凸臀、拧腰挫胯、翻腕托掌协调配合，突出气、力、功、精、气、神。

32. 天神托马

演练过程：左脚向前开步成马步，两手腹前交叉向头上方交叉托臂，随后向两侧分掌经腰间于耳旁向上屈肘叠腕托掌，肘宽于肩，如图 5－152 所示。

动作要点：立腰、凸臀、沉肩，掌根发力。

图 5－150　　　　　　　　图 5－151　　　　　　　　图 5－152

（五）第四段

33. 砂海降龙

演练过程：两手头前交叉，两腿不动，如图 5－153 所示。随后身体左转，左脚蹬地，右脚腾空跃步，随即右脚单腿撑地，左腿绷脚后摆，两手随身分掌，如图 5－154 所示，左脚向前落步前脚掌点地成虚马步，重心前移，重心下移，两手头上交叉快速下落于左膝关节处，右掌在上，重心落于两腿之间，如图 5－155 所示。

动作要点：腾空、向前落步快速有力，点马步与两手交叉推掌连贯完成。

图 5－153　　　　　　　　图 5－154　　　　　　　　图 5－155

34. 老僧脱靴

演练过程：左脚落实，右腿提膝向前勾脚、屈膝侧踹，同时两肘胸前相合，右手屈肘向右耳旁后托掌，左手由上向右脚上方托掌，如图 5－156 所示。

动作要点：拧腰切胯，侧踹有力。

35. 摩诘献书

演练过程：右脚向前屈膝落步，左手落掌盖于胸前，如图 5－157 所示。随后左脚上步成左麒麟步，左手翻掌屈肘上托，掌指向前，右手提肘下按，掌指向后，如图 5－158 所示。动作完成后，左前脚掌蹬地、向后转体成右麒麟步，左右手动作相反，抬头向前，如图 5－159 所示。

动作要点：上步快、落步稳，立腰凸臀，突出左托右按，右托左按的掌根力量。

图 5－156

图 5－157　　　　　　　　图 5－158　　　　　　　　图 5－159

36. 天女散花

演练过程：左脚向右脚前方上步，左手由腰间向前穿掌，两手于胸前交叉托掌，如

图 5 – 160 所示，重心前移，左手不动，右手由下向上弧形抡臂至右肩头上方、屈肘盖掌，右腿勾脚屈膝向腹前提起，左腿屈膝半蹲，如图 5 – 161 所示。

动作要点：凸臀塌腰，勾脚有力，身法自然。

图 5 – 160　　　　　　　　　　图 5 – 161

37. 女娲补天

演练过程：身体右转，右脚向右侧前方落步，上肢不动，如图 5 – 162 所示。重心前移，左、右脚交替向前弧形上三步，脚尖内扣，如图 5 – 163 所示。随即右脚提膝扣于左腿内侧、向后转体 360°、脚尖内扣落步，两手由两侧经腰间、屈肘翻腕于耳旁向上屈肘叠腕托掌，肘宽于肩，左高右低，眼向右看，如图 5 – 164 所示。

动作要点：弧形上步要快、准、稳，扣腿旋转与两手上穿要协调配合，一气呵成。

图 5 – 162　　　　　　　图 5 – 163　　　　　　　图 5 – 164

38. 脚踩莲花

演练过程：右脚向左脚前方上步，脚尖外展，上肢不动，如图 5 – 165 所示。重心前移，右、左脚交替向前弧形上三或五步，脚尖内扣，如图 5 – 166 所示。

动作要点：弧形上步要快速轻灵，步如"脚踩莲花，连连高升，翩翩起舞"。

图 5 – 165　　　　　　　　　图 5 – 166

39. 腾空修罗

演练过程：右脚上步，两手向后屈肘叠腕托掌，眼向后看，如图 5 – 167 所示。左脚向后插步，随即右脚向后开步，两手向下向左向上向后划弧形摆掌，右脚蹬地向上跃起，左腿上提右腿快速腾空后撩，如图 5 – 168 所示。完成动作后成左麒麟步，左手屈肘托掌于左肩前上方，右手屈肘托掌收于左胸前，眼向前看，如图 5 – 169 所示。

动作要点：插步、后摆连贯协调，一气呵成，撩腿快速有力，特别注意手、眼、身、法、步的协调配合。

图 5 – 167　　　　　　　图 5 – 168　　　　　　　图 5 – 169

40. 反弹琵琶

演练过程：左脚向后插步，右手由下向右展开，掌心向上，如图 5 – 170 所示。随后左手向下向右屈肘叠腕至左肩前方托掌，右手由右向上向头后屈肘亮掌，拇指朝下，掌心向外，同时右腿勾脚屈膝提于右腹前，上体拧腰后摆，眼看左手，如图 5 – 171 所示。

动作要点：上体右移、拧腰凸臀、屈肘叠腕托掌要连贯完成。

图 5 - 170

图 5 - 171

41. 天神托马

演练过程：右脚向右落步，两手头前交叉，右掌心向内、左掌心向外，如图 5 - 172 所示。随后左脚向右脚前方上步，两手头上向外做舞花手，身体向右后转，如图 5 - 173 所示。随即右脚向后插步，身体右转，同时两手向两侧分掌向下，由腰间经胸前切腕上穿于耳旁、向上快速分臂屈肘叠腕托掌，两肘高并宽于肩部，大小臂之间夹角大于 90°，两腿下蹲成马步，如图 5 - 174 所示。

动作要点：立腰、凸臀、沉肩，掌根发力。

图 5 - 172

图 5 - 173

图 5 - 174

42. 万念归一

演练过程：两手胸前相合，左脚并向右脚，两腿屈膝半蹲，两眼平视前方，如图 5 - 175 所示。随后两手由上向下向外旋转，掌心外翻经腰两侧屈肘翻腕向后传出，两腿不变，如图 5 - 176 所示。两手经身体两侧掌心内翻、由身体两侧直臂胸前相合，两脚并步，两眼平视前方，如图 5 - 177 所示。两臂缓缓屈肘下垂，掌心相合，两腿屈膝下蹲，如图 5 - 178 所示。两腿伸直，两手由下经身体两侧、向头上屈臂向下按掌于腹前，两眼平视前方，如图 5 - 179 所示。

图 5 - 175

动作要点：立腰、沉肩，心神合一，全身放松，身法自然。

图 5-176

图 5-177

图 5-178

（六）收　势

碧落正身

演练过程：两手自然下坠于腰两侧，左脚上步、右脚跟进成并步立正，身形自然，如图 5-180 所示。

动作要点：身形合一，呼吸自然。

图 5-179

图 5-180

第六章　敦煌拳实践中的伤病防治与营养调配

练习敦煌拳对于身体有着良好的健身作用，但如果运动不当也会发生各种运动损伤和一些运动性疾病。这就要求练习者在进行训练的同时，应认真学习和掌握科学锻炼的知识与方法，预防各种伤病的发生，并能对一些突发伤病进行紧急处理。此外，科学的锻炼还有赖于饮食营养的合理调配，因此，在进行敦煌拳训练时，还要注意合理膳食和补充营养，这样才能保证训练水平和体质健康的同步提高。

第一节　敦煌拳实践中常见运动损伤的防治

一、敦煌拳运动中运动损伤发生的原因及其预防措施

（一）敦煌拳运动中发生运动损伤的原因

运动损伤是指在练习敦煌拳过程中，由于外部或内部的力量或暴力造成的身体损伤或持续的创伤，不管是直接的还是间接的身体损伤，统称为运动损伤。它与技术动作有着密切的关系，在敦煌拳运动中，如果违背了拳术运动规律，或者疏忽大意等，则可能导致运动损伤。一般而言，造成运动损伤的原因可分为以下几个方面。

1. 外在原因

外在原因有以下几个方面：

（1）科学训练水平不高。

因训练科学化水平低，直接造成练习者训练程度不高而受伤的病案在年轻（新）运动员中最为突出。主要表现在许多年轻运动员完成技术动作时不规范、不合理，主动肌与对抗肌收缩不协调，以及自我保护能力较差等因素。

（2）慢性劳损。

慢性劳损是运动员身体局部过度活动、长期负重，或某部位受到持续、反复的外力作用而造成的慢性积累性损伤，这在老队员的伤病因素中最为明显。慢性劳损致病多发于人体活动枢纽的腰部和反复受到牵拉、应力作用的髌骨，具有病因较难去除、伤病不易治愈和队员又不能停训的特点。慢性劳损还与不科学的运动训练、新伤的不彻底治疗

以及重复受伤有关。

（3）运动量安排不合理。

在进行敦煌拳动作练习前，如果还未认真压腿，做好踢腿前的柔韧练习，便用力踢腿，或做一些超过肌肉拉长范围的动作，导致拉伤；也有练习者急于求成，想在短时间内达到较高的目标，而增加每次练习的时间和运动量，特别是身体局部重复练习次数过多，或肌肉处于疲劳状态下还继续做猛烈用力的动作，致使肌肉超出了生理负荷而损伤；还有练习者想在短时期内掌握某一动作或提高某一能力，而过于集中练习某个动作，导致局部肌肉负担过重而劳损。

（4）场地、服装不符合要求。

练习敦煌拳时，如果运动服装不合适，鞋不合脚或鞋底滑，练习场地不平坦，都可能发生运动损伤。

（5）不良的气候因素。

气温过高或过低都会引起损伤。气温过低易造成肌肉僵硬，使身体协调性下降而引起肌肉拉伤；气温过高容易使人大量出汗，影响体内的水盐代谢，而发生肌肉痉挛或虚脱现象，使练习者反应迟钝、运动能力降低，这些都是造成肌肉损伤的原因。

2. 内在原因

内在原因有以下几个方面：

（1）缺乏必要的预防运动损伤知识。

由于练习者缺乏必要的预防运动损伤的有关知识，不懂得科学锻炼和合理安排运动量，难以采取各种行之有效的预防措施，致使练习中发生伤害事故。

（2）准备活动不够。

敦煌拳动作的幅度要比日常生活中肢体活动的幅度大，而且常伴有方向变化、起伏折叠等。进行练习前，应通过准备活动使肌肉的粘滞性减少、伸展性提高，避免运动时拉伤肌肉。如果运动前缺乏必要的准备活动或准备活动量不够，在神经系统和其他各器官的功能尚未达到适宜的水平和较高的运动状态时，就进入紧张的运动；或者准备活动的量过大，时间过长，机体已经处在疲劳状态再去运动；还有准备活动缺乏针对性等原因，均易造成运动损伤。

（3）人体解剖学结构的不完善和弱点。

如肩关节由肱骨和肩胛骨的关节盂构成，由于肱骨头大、肩胛盂小关节活动灵活而稳定性差，加上肌力不足、韧带弹性差，容易造成肩关节损伤。

（4）身体机能和心理状态欠佳。

当练习者处于身体机能下降、心理状态不佳时，勉强进行练习，或由于疲劳的影响，注意力减退，机体的反应迟钝，身体不协调的情况下进行锻炼，都容易导致损伤。此外，在大强度、大运动量的训练中也容易造成心血管、呼吸等系统的"内伤"。

（5）肌肉收缩力下降。

肌肉收缩力引发的损伤在年轻练习者的伤病中较为常见，受伤过程往往是练习者技术动作僵硬不合理、主动肌群和被动肌群收缩不协调，或身体大、小肌群力量的不匹配而造成的。受伤较多为撕裂（拉）伤，累及部位多为肌腹、肌肉与肌腱过渡部位以及肌腱附着处。

（6）缺乏基本功训练。

敦煌拳基本功练习是促进身体全面发展，提高拳术专门身体素质，有助于预防局部慢性劳损和身体不同部位损伤的有效手段。若练习者不重视基本功的训练，缺乏专项练习所应具备的专门身体素质，会导致因承受不了一定的运动负荷而损伤。

一般来讲，大多数运动损伤是可以预防的。只要我们掌握和了解其发生的原因、规律，从而采取相应的措施，就能把运动损伤减少到最低程度。

（二）敦煌拳运动中运动损伤的预防措施

进行敦煌拳锻炼的目的是增强体质，增进健康，娱乐身心。因此，在锻炼中必须注意做好运动损伤的预防措施，避免发生各种伤害事故。预防敦煌拳运动损伤的主要方法如下：

1. 全面发展身体素质

加强技术练习，正确掌握各种技术并能熟练运用，此外还要注意合理安排运动负荷，防止过度疲劳和局部负荷过重。

2. 认真做好准备活动

敦煌拳对身体各部位柔韧性、伸展性和力量素质要求较高。由于准备活动能加快血液循环，提高肌肉、韧带的力量和弹性，增加关节滑液的分泌，可以有效地预防损伤的发生。因此在练习前，要根据运动的特点，充分做好准备活动，增加关节的灵活性和活动幅度，使各器官系统由安静状态逐步过渡到运动状态，并注意精神集中于练功上。这样才能避免由于准备活动不够而造成损伤。

3. 坚持敦煌拳基本功练习

对于敦煌拳学练者来说，要始终坚持基本功练习。它不仅能促进身体全面发展，而且有利于练习者专项身体素质的提高，对预防运动损伤也有很好的作用。

4. 加强易伤部位的练习

加强容易受伤和相对较薄弱部位的练习，提高其机能，是预防运动损伤的一种积极手段。肌肉力量不足，易导致各种运动损伤。因此，平时应加强各部位肌肉力量的锻炼，特别是易伤部位肌肉力量的锻炼。例如，加强股四头肌力量的锻炼，可以防止膝关节损伤；加强腹背肌锻炼，可以防止腰部肌肉受伤。

5. 加强自我保护的意识与能力

练习者要加强自我保护意识，学习和掌握科学锻炼的方法。例如，做跳跃动作落地时，要注意前脚掌先着地的同时屈膝，以增加缓冲的作用。

6. 掌握正确的技术动作要领

敦煌拳动作的运行轨迹变化多样，若对动作要领理解掌握得不够，或动作不符合技术要求，都会导致损伤的发生。因此在学练敦煌拳时，要掌握好动作规格和要领。

7. 循序渐进地安排运动量

在进行敦煌拳锻炼时，必须遵守循序渐进、科学合理的原则。要按照由易到难、由简到繁的学练过程，既考虑身体的全面锻炼和发展，又不能忽略个别对待。动作数量、练习密度和运动负荷应逐渐增加。并注意运动负荷不要过于集中于某个部位，避免造成局部负担过重而引起损伤。例如，膝关节半蹲起跳动作过多，易造成髌骨损伤。因此在锻炼中，不要操之过急而违背运动规律。

8. 加强医务监督

经常参加体育活动的人，应定期进行体格检查。参加重大比赛的前后，要进行身体补充检查或复查，以观察体育锻炼、比赛前后的身体机能变化。伤病初愈的人参加体育或训练时，应征得医生的同意，并做好自我监督。

9. 重视锻炼环境和场地器械的安全性

进行敦煌拳锻炼时，要在场地平坦、运动器械牢固安全下进行，并注意服装要适宜等。

此外，运动损伤的初步急救非常关键，处理得当可以大大减少以后的并发症，加快损伤的好转和愈合，使运动员较快地恢复健康。若急救处理不当，轻者会加重伤情，发生感染，延长治愈时间；重者可能造成残废。所以，教练员、运动员掌握一些运动损伤的初步急救方法非常必要。

二、敦煌拳运动中常见的运动损伤及其防治方法

（一）肌肉拉伤

1. 发生原因与症状

肌肉拉伤是指在外力的直接或间接作用下，使肌肉猛烈主动收缩或被动过度拉长时所引起的肌肉损伤，是由于肌肉猛烈收缩或用力牵伸时超出肌肉本身所承受的能力而引起的。发生的原因主要与准备活动不充分、动作不协调、用力过猛、牵拉过大有关，或是由于肌肉的韧性和弹性较差而导致拉伤。轻度拉伤表现为局部轻微肿胀、疼痛、用力时加重。拉伤严重时可出现肌肉撕裂，产生剧烈疼痛。

2. 处置与预防

处置：轻者可即刻冷敷，局部加压包扎，抬高患肢，24小时后可进行按摩或理疗。如果肌肉撕裂，应在加压包扎后立即送往医院进行治疗。

预防：在进行敦煌拳练习前，要充分做好准备活动，特别要认真做好肌肉、韧带的拉伸练习，提高身体的柔韧性、伸展性和协调性。避免动作用力过猛和运动量过大，依照循序渐进的规律进行练习。

（二）肌肉挫伤

1. 发生原因与症状

肌肉挫伤是指软组织受到钝性外力的突然撞击，导致局部发生挤压、出血等损伤。通常是由于练习者与器械发生碰撞，或练习者之间发生冲撞而造成的。其损伤程度取决于撞击力量的大小，轻者仅仅伤及皮肤，重者可导致血肿等。其症状为：轻度损伤出现肿胀、疼痛、皮下出血；严重者出现局部血肿、皮肤青紫及功能障碍等。

2. 处置与预防

处置：采取立即冷敷后加压包扎，抬高患肢，以防继续出血。24小时后可施行按摩、理疗或热敷，以活血化瘀消肿。

预防：练习者要掌握好技术动作，提高身体的协调性和灵活性。特别是在进行对练时，要准确掌握动作规格和运动路线。并且要配合默契，避免技术错误或不熟练而导致互相碰撞。另外，在过度疲劳的状态下，不要勉强练习。

（三）肌肉痉挛

1. 发生原因与症状

肌肉痉挛，俗称抽筋，是指持续一段时间的连续性肌肉收缩。也就是肌肉不自主的持续收缩。在运动时，由于肌肉的快速连续收缩、放松，收缩与放松协调关系遭到破坏，因此产生肌肉痉挛；若局部肌肉疲劳，或受到寒冷刺激也容易发生肌肉痉挛。其症状为局部肌肉坚硬或隆起，疼痛难忍且一时不易缓解。

2. 处置与预防

处置：一般情况下，只要向相反的方向牵引痉挛的肌肉，肌肉痉挛即可缓解或消失。例如，小腿腓肠肌痉挛时，可以强制性伸直膝关节，并将脚掌和脚趾缓慢地向上扳起。若足屈蹈肌或屈趾肌痉挛，同样采用上扳脚趾的方法。牵引时用力宜缓慢、均匀，切忌用暴力，以免拉伤肌肉。大腿后群肌肉痉挛，可尽力伸直膝关节，用力将踝关节充分背伸，尽可能拉长痉挛的肌肉。症状缓解后，配合局部按压、揉捏、点掐、针刺有关穴位等，效果会更好。

预防：进行敦煌拳锻炼前，要做好准备活动。夏季锻炼时，天热出汗要适当补充淡盐水。冬季在室外锻炼时要注意保暖。当感到疲劳时，不要进行剧烈和长时间的运动。

（四）韧带扭伤

1. 发生原因与症状

韧带具有保护关节正常活动的作用，但持续挤压、牵拉或外力使关节活动超出韧带所能承受的范围时，容易导致韧带损伤。其症状为轻度韧带扭伤，会出现轻微的疼痛或局部水肿。严重时会造成韧带撕裂，丧失功能，出现伤处肿胀、疼痛和皮下淤血。

2. 处置与预防

处置：受伤后应立即冷敷，局部加压包扎，抬高患肢。24 小时后可对伤处进行按摩或热敷。如果出现严重的韧带撕裂现象，可用绷带固定伤肢后立即送往医院进行治疗。

预防：在平常进行敦煌拳锻炼时，要加强易发损伤部位的运动，即膝关节、踝关节、肩关节和腕关节周围韧带、肌肉的练习，增加韧带的伸展性、肌肉力量和关节的灵活性，并注意练习时加强保护。

（五）腰部扭伤

1. 发生原因与症状

腰部扭伤包括腰部肌肉损伤、韧带损伤及关节损伤等，多发生在腰骶部和骶髂关节。一般为突然的间接暴力所致。如果人体运动超过了腰部肌肉、韧带的伸展限度或收缩不协调，都会导致腰部扭伤。由于敦煌拳技术动作中腰部动作较多，并要求以腰部大幅度的拧转折叠来表现身法，一些需要以腰脊力量为主完成的后举腿平衡、翻腾跳跃和多种翻腰抡转等动作较多，如果不注意加强腰部力量和柔韧性的训练，腰部长期负荷过多，均容易造成腰部损伤，甚至腰肌劳损。症状为腰部扭伤后，会出现疼痛和腰部活动受限。

2. 处置与预防

处置：受伤后应立即停止运动。若疼痛剧烈，应送医院诊治。24 小时后可采用热敷和外敷伤药，也可进行按摩等。

预防：运动前在做好全身各部位准备活动的同时，要特别注意腰部俯仰、左右和旋转的练习，使腰部得到充分的活动。练习动作时，用力或发力要协调、得当、顺达，并注意姿势的正确性。在进行腰部动作集中的练习中，穿插些其他训练。平时要加强腰部肌肉力量和柔韧性的练习，提高腰部肌力和活动范围。

（六）髌骨劳损

1. 发生原因与症状

髌骨劳损是指髌骨的关节软骨面和髌骨周缘股四头肌肌腱所形成的张腱附着部分的

慢性损伤。此类损伤在敦煌拳练习者中发生较高，影响了技术动作的质量。发生的原因主要是运动量安排不合理，练习方法不科学，过多或过于集中地进行膝关节半蹲位姿势下的发力和蹬跳等动作练习。由于膝周围肌肉力量较弱，使膝关节的稳定性差，如果练习者全面训练不够，而又过多地进行下肢专项动作的练习，膝关节负担过大则更容易导致损伤。症状为膝痛或膝软、半蹲痛是此病的重要症状，即多在膝屈 90°～150° 时出现疼痛。髌骨边缘有指压痛。

2. 处置与预防

处置：除调整运动量和减少局部的负荷外，应采用轻推摩、揉捏、搓等手法依次反复按摩和点压髌骨周围穴位等方法。也可以用武术运动中"站桩"的方法来治疗此病。

预防：加强全面身体素质练习，科学合理地进行练习，避免采用过于集中"单打一"的练习方法。练习要循序渐进，并加强负重静蹲及蹲起力量的练习。

（七）其他损伤的处理

1. 关节脱位

关节面失去正常的联系，叫做关节脱位。关节脱位时，通常伴有关节囊撕裂、关节周围的软组织损伤或破裂。关节脱位后，受伤关节疼痛，有压痛和肿胀，关节功能丧失，受伤的关节完全不能活动，出现畸形，关节内发生血肿。如果复位不及时，血肿激化而发生关节粘连，增加关节复位的困难。

处理：应马上用夹板和绷带在脱位所形成的姿势下固定伤肢，尽快送医院治疗。肩关节脱位时，取三角巾两条，分别折成宽带，一条悬挂前臂，另一条绕过伤肢上臂，于肩侧腋下缚结。肘关节脱位时，用铁丝夹板，弯成合适的角度，置于肘后，用绷带缠稳，再用小悬臂带挂起前臂，也可直接用大悬臂带包扎固定。

2. 擦　伤

肌体表面与粗糙的物体相互摩擦而引起的皮肤表层的损害，叫做擦伤。主要症状为表皮剥脱，有小出血点和组织液渗出。

处理：一般较轻、较小的擦伤，可以用生理盐水冲洗伤部，涂抹消毒类药水，不需包扎，一周左右就可痊愈。面部擦伤宜涂抹 0.1% 新洁尔灭溶液。通常较大的擦伤伤口易受污染，需用碘酒在伤口周围消毒，如果创面中嵌入沙粒、炭渣、碎石等，应用生理盐水、棉球轻轻刷洗，消除异物，消毒后撒上云南白药或纯三七粉，盖上凡士林纱布，适当包扎。若不发生感染，两周左右即可痊愈。关节周围的擦伤，在清洗、消毒后，最好用磺胺软膏或青霉素软膏等涂敷，否则会影响活动，并易重复破损。

3. 撕裂伤

撕裂伤是指受物体打击而引起的皮肤和皮上组织均出现规则或不规则的裂口。

处理：轻者可先用碘酒消毒，然后用云南白药或其他药物和方法止血，再用消毒纱布覆盖，并适当加压包扎。如不能制止出血，应尽量在靠近伤口处按规定缚以止血带，立即送医院治疗。伤口较大、较深、污染较严重时，应立即送医院进行治疗。

4. 刺 伤

刺伤是因尖锐物体刺入皮肤所致。伤口细小，但较深。刺伤可能伤及深部组织，或将异物带入伤口深处，容易引起感染。

处理：若创口较浅，先清洗创面，再消毒。若创口较深，污染较重时，应立即送医院进行治疗。

5. 大腿后部屈肌拉伤

在完成各种动作时，当肌肉主动收缩或被动拉长超出其所能承担的能力时，可造成大腿部肌肉的急性拉伤。准备活动不充分、不当地使用猛力、疲劳或负荷过度、技术动作有缺点、气温过低、场地粗糙是常见的致伤原因。该肌群训练不充分，肌肉弹性、伸展性差，肌力弱是发生损伤的内在因素。肌肉拉伤轻者，可仅有少许肌纤维撕裂或肌膜破裂；重者可造成肌肉大部或完全断裂。

处理：肌肉微细损伤或伴有少量肌纤维撕裂者，伤后应迅速给予冷敷，局部加压包扎，休息时应抬高患肢。24～48小时后可开始理疗和按摩，按摩时手法宜轻柔，伤部仅能做些轻推摩，伤部周围可做揉、捏、搓等，同时配合点压穴位（宜取伤周穴位）治疗。如果肌肉大部或完全断裂，在局部加压包扎并适当固定患肢后，应马上送往医院诊治。

6. 脑震荡

脑震荡是指头部受到外力打击后，使大脑的膜半规管、椭圆囊、球囊等感受器功能失调。轻则引起意识和功能的一时性障碍。严重者将完全丧失意识，呼吸短浅；脉搏缓慢，瞳孔放大；清醒后，常出现头痛、头晕、恶心、呕吐、情绪烦躁、注意力不集中、耳鸣、心悸、多汗、失眠、记忆力减退等症状。处理：致伤后，应立即让患者平卧、冷敷头部，对昏迷者可指压人中、内关穴，有呼吸障碍者实行人工呼吸，并立即送医院治疗。

第二节　敦煌拳实践中常见运动性疾病的防治

一、运动性疲劳

运动性疲劳是指在运动过程中，机体的机能能力或工作效率下降，不能维持在特定水平上，或不能维持预定运动强度的生理过程。运动性疲劳是由运动引起的一种特有生理现象。根据运动性疲劳发生的部位，可分为中枢疲劳和外周疲劳两大类。中枢疲劳是指自脑至脊髓所产生的疲劳，即由于运动神经中枢紊乱，兴奋性下降。外周疲劳是指运动神经以下部位所产生的疲劳，主要表现为肌肉疲劳、肌力下降等。

（一）运动性疲劳的发生原因

生理学家通过研究发现，运动性疲劳是一个综合性的复杂过程，它与人体多方面的因素及生理变化有关。

首先，运动能力与身体素质的变化是导致运动疲劳的主要因素。人体的运动能力和身体素质与身体各器官、系统功能紧密相关。身体素质就是人体各器官、系统的功能在肌肉工作中的综合反映，各器官功能的下降，必然影响运动能力与身体素质。譬如，长时间肌肉活动导致肌肉功能下降时，力量与速度等必然会下降，于是在完成各种运动练习时，往往会感到力不从心而觉得疲劳；在耐力性运动中，如果心肺功能下降，承受耐力负荷的能力也会降低，机体就会产生疲劳从而降低工作能力。

其次，体内能源储备的减少和身体各器官功能的降低是导致疲劳的重要原因。不少实验研究表明，当人体从事运动导致疲劳时，往往伴随体内能源物质消耗较多的现象，如快速运动 2 ~ 3 分钟至非常疲劳时，肌肉内的磷酸肌酸可降低至接近最低点；而长时间的持续运动中，由于糖的大量消耗，肌糖原及血糖含量均大幅度下降。能源储备的消耗与减少，会引起各器官功能的降低。加上肌肉活动时代谢产物的堆积及水、盐代谢变化等影响，机体工作能力就会下降而出现疲劳。

最后，疲劳与精神意志因素密切有关。当身体疲劳达到一定程度时，往往就会出现主观上的疲劳感觉，这种疲劳感也可以说是疲劳的主观信号。而运动中人体各个器官、系统的活动都是在神经系统指挥下完成的，神经系统功能的降低，神经细胞抑制过程的加强都会使疲劳加深。此时人的情绪意志状态与人体功能潜力的充分动员关系极大。事实上，人体往往在感到疲劳时，机体尚有很大功能潜力，能源物质远未耗尽，良好的情绪意志因素可起到动员机体潜力，推迟疲劳发生的作用。因此，进行运动时，应该保持积极高涨的运动情绪，全身心投入，这对推迟疲劳发生，提高锻炼效果有重要的作用。

在敦煌拳运动训练中，长时间的基本功练习和套路练习都是强度较大的活动，因此，在训练过程中，必须密切注意自己的体征变化，出现疲劳时应及时采取有效措施，避免疲劳发展，损害人体健康。

（二）运动性疲劳的分类

运动性疲劳根据其产生部位不同、产生机制不同可以分为多种，其主要分类方法有以下几种：

1. 脑力疲劳和体力疲劳

脑力疲劳是指由于运动刺激使大脑皮质细胞工作能力下降，大脑皮质出现广泛性抑制而产生的疲劳。例如，在周期性耐力运动（如长跑等）中，由于运动时的单调刺激，在体力尚未明显下降时，大脑细胞的工作能力已开始下降，并引起整个身体机能下降。脑力疲劳往往伴有心理疲劳。其主观症状有注意力不集中，记忆力障碍，理解、推理困难，脑力活动迟钝、不准确。行为表现为动作迟缓、不灵敏，动作的协调能力下降，失眠、烦躁与不安。

体力疲劳是指由于从事身体训练使身体工作能力下降而产生的疲劳。在体育活动中，体力疲劳非常普遍，例如，剧烈运动后出现的周身乏力、工作效率下降等均属于体力疲劳症状。在体育锻炼和运动训练中，体力疲劳（身体疲劳）和脑力疲劳（心理疲劳）是密切相关的，所以，运动性疲劳是身心的疲劳。

2. 整体疲劳和局部疲劳

整体疲劳是指由于全身运动使全身各系统机能下降而导致的疲劳。如马拉松跑、激烈的足球比赛等均可造成全身身体机能下降。局部疲劳是指以身体某一局部进行运动使该局部器官机能下降而导致的疲劳。如前臂负重屈伸运动可造成前臂肌肉力量下降，负重深蹲则导致下肢肌肉群疲劳等。整体疲劳和局部疲劳存在着紧密关系。一般来说，局部疲劳可以发展为整体疲劳，而整体疲劳往往包含着以某一系统为主的局部疲劳。

3. 骨骼肌疲劳、心血管疲劳和呼吸系统疲劳

由于运动引起的骨骼肌机能下降，称骨骼肌疲劳。例如，力量训练后肌肉收缩力下降、肌肉僵硬、肌肉酸痛等，在体育活动中骨骼肌疲劳最为常见。由于运动引起的心脏、血管系统及其调节机能下降，称心血管疲劳。疲劳时表现为：心率恢复速度减慢、血压升高、心脏射出的血液减少。运动引起的呼吸机能下降等，称呼吸系统疲劳。呼吸系统疲劳一般在运动中并不常见，多出现在长时间运动或憋气用力后，并伴随着心血管系统疲劳。例如，剧烈运动时呼吸表浅、胸闷、喘不过气、肺功能下降等。

（三）运动性疲劳的判断

运动性疲劳一般采用主观感觉或者一些生理生化指标来判定。人体运动时的主观体力感觉与工作负荷、心功能、耗氧量、代谢产物堆积等多种因素密切相关，因此，运动时的自我体力感觉是判断运动性疲劳的重要标志。判断运动性疲劳通常可采用以下方法：

（1）静止时和运动前后进行各种机能测验，如台阶试验、联合机能试验、最大吸氧量测定等。疲劳时心血管系统和呼吸系统的调节机能下降。

（2）根据运动员的主观感觉，如疲劳时出现疲乏、头晕、心悸、恶心、面色苍白、眼神暗淡、呼吸表浅、反应迟钝、注意力分散、运动能力下降等。

（3）根据体重判断运动性疲劳。过度疲劳时由于体内脂肪、肌蛋白被大量消耗，可导致体重的持续下降。可定期测量体重，一般每周1~2次，最好每次都在清晨或其他固定的时间内进行。另外，还可测量每次运动前和运动后的体重，以作为观察运动对

体重影响的参考指标。

（4）根据人体各器官系统的生理、生化指标变化判断运动性疲劳。人体疲劳时心率增快；肌力下降（用握力计、背力计等进行测定）；肺活量逐渐下降等。

（四）运动性疲劳的恢复

为了使敦煌拳练习者在运动中所消耗物质和各器官系统下降了的机能得到恢复，以及运动中所产生的代谢产物尽快消除，不致使疲劳积累而造成过度疲劳，通常可采用下述方法消除运动性疲劳。

1. 运动中的恢复手段

在经过高强度的负荷训练后，肌肉中乳酸堆积较多，直接引起肌肉机能下降，肌力减退。如果剧烈运动后完全静止休息，那么肌肉中的乳酸排除得较慢，而采用一定时间的强度较小的运动，则可加快乳酸的消除，这种恢复手段是国外许多运动员普遍运用的。此外，在运动结束阶段，进行一些游戏性的活动，也是运用较多的恢复手段。

2. 运动后的恢复手段

运动后加快肌肉恢复的方法比较多，现代训练中多采用睡眠、按摩等方法。

（1）睡眠。充足的睡眠是消除疲劳和恢复体力的关键。睡眠时大脑皮质的兴奋过程降低，体内分解代谢处于最低水平，而合成代谢过程则相对较高，有利于体内能量的蓄积。所以，运动员每天应保证充足的睡眠时间，一般每天不少于 8～9 小时。大运动量训练和比赛期间，睡眠时间应适当延长。

（2）拉伸练习。拉伸练习是根据肌牵张反射引起肌肉放松的原理而给肌肉施加的一种刺激。这种刺激不但不会使肌肉收缩，而且会使肌肉放松。对开始出现弹性下降的肌肉进行伸展，可以使挛缩的肌纤维展拉，达到放松、促进血液循环的目的。拉伸练习的生理效果在于改善肌肉血液循环，减轻因运动性疲劳而造成的肌肉疼痛，消除肌肉僵硬现象，使缩短的肌纤维重新拉长，恢复弹性。

（3）按摩。按摩是消除运动性疲劳的有效方法。通过按摩不但能促进大脑皮质兴奋与抑制的转换，使因疲劳引起的神经调节紊乱消失，还可改善局部或全身血液循环的状况，促进代谢产物的清除，减轻肌肉的酸痛和僵硬，提高肌肉的收缩力，改善关节的灵活性。按摩有人工按摩、机械按摩、水力按摩和气压按摩四种，其中人工手法按摩是最受运动员欢迎的消除疲劳的方法，有着良好的效果。这种按摩以揉捏为主，交替使用按压、叩击等手法，按摩可在运动结束后或晚上睡觉前进行，可根据运动员承受运动负荷部位，进行局部或全身按摩。有条件的运动员也可采用有振动的机械按摩和脉冲水力按摩及气压按摩。

（4）合理膳食。运动时所消耗的物质要靠饮食中的营养物质来补充，运动训练和比赛后，合理膳食有助于运动员体力恢复和运动性疲劳的消除。所以，运动训练后应补充足够的糖、蛋白质、维生素、无机盐和水等。应多吃些富含碱性的食物，如水果、蔬菜、豆制品等，以利于保持人体内酸碱度的基本平衡，尽快消除运动所带来的疲劳。

（5）药物疗法。为了尽快消除运动性疲劳，运动后可适当服用一些药物，如中药黄芪、刺五加、参三七、维生素 B_1 和维生素 B_{12}、维生素 C 和维生素 E 等。这些药物都能有效调节人体生理机能，加速新陈代谢，补充能量，减少组织耗氧量，改善血液循环，补充肌肉营养，对促进疲劳的消除有一定的效果。同时，也可适当服用蜂王浆、人参、鹿茸等，也有养血补气、增强体力、消除疲劳的功效。

（6）水疗。实践证明，短时间的冷水刺激可增加肌力，减少疲劳。热水刺激使肌力下降，解除肌肉痉挛。温水刺激可放松肌肉，安抚神经，有刺激血管扩张，促进新陈代谢和血液循环，消除疲劳的作用。

（7）整理活动。整理活动是消除疲劳、促进体力恢复的一种有效方法。运动后做整理活动，可使心血管系统、呼吸系统仍保持在较高水平，有利于偿还运动时所欠的氧债和使生理机能水平逐渐平缓及逐渐下降到一定的水平上。整理活动包括慢跑、呼吸体操及各肌群的伸展练习。特别是运动后做静力牵张伸展练习，可消除肌肉痉挛，改善肌肉血液循环，减轻肌肉酸胀和僵硬程度，消除局部疲劳。

二、过度训练

过度训练是指练习者由于疲劳的连续积累而导致机体出现功能紊乱或病理状态的训练和比赛。过度训练是一种训练与恢复、运动与运动能力、应激与应激耐受性之间的失衡状态。根据运动疲劳的程度，过度训练可分为短期过度训练和过度训练综合征。短期过度训练经过 1～2 周恢复，运动能力能够恢复或超过原来水平。而过度训练综合征则表现为持续的运动能力、免疫力下降，易感染，持续疲劳，且情绪低落、易烦躁。过度训练综合征是一种运动性疾病。在敦煌拳运动训练中，大强度的训练后如不注意恢复，也会造成过度训练。

（一）过度训练的发生原因

在敦煌拳训练中，发生过度训练的直接原因有以下方面：

1. 运动量超过身体负荷

由于平时缺少锻炼，体质水平维持在一个较低的程度，而一旦需要大量运动时，身体出现不适应的现象。

2. 糖原不足

由于持续大强度训练使肌糖原供不应求，刺激支链氨基酸和游离脂肪酸氧化供能，支链氨基酸的减少引起血浆游离色氨酸比值升高，大量色氨酸进入大脑，产生 5－羟色胺，5－羟色胺是公认的中枢疲劳的神经递质，因此加速了疲劳的发生。

3. 植物神经系统不平衡

植物神经系统调节紊乱是过度训练发展的高级阶段，即过度训练综合征。过度训练使肾上腺皮质激素的分泌减少、应答下降。

4. 自由基学说

自由基代谢失衡对细胞膜结构、线粒体功能等有很大损害，并直接影响到细胞氧化还原功能，导致运动疲劳。

（二）过度训练的征象

过度训练后，人体常见症状为胸闷、心慌、气短、心前区疼痛，以及心律不齐、血压增高且不稳定、血红蛋白下降、恢复期延长等。早期或轻度患者还主要表现为一系列的神经症状、生理障碍，如身体软弱无力、倦怠、精神不振、无训练欲望甚至厌烦训练，心理上有压抑感且缺乏信心。有的练习者表现为情绪波动较大，爱激动和发脾气，或反应迟钝，对周围事情淡漠健忘，失眠或嗜睡，注意力不集中等。

一旦具有过度训练的征象，就要适当减少运动负荷，控制负荷强度和负荷量，减少参加激烈比赛的次数，暂时避免进行高难度动作，必要时可暂停专项练习内容，多做一些辅助练习和放松练习。此外，在恢复过程中要保证充足的睡眠，增加积极性休息的时间，采取有效的恢复措施，如按摩、温水浴等。加强营养，多吃新鲜蔬菜和水果，适当服用药物等。

（三）过度训练对身体健康的影响

过度训练对身体健康的影响表现为以下几个方面：

1. 引起骨损伤

过度训练可引起骨代谢的变化，导致骨量、骨密度降低和性激素水平下降，还会引起非创伤性横纹肌溶解症，临床主要表现为：①肌肉疼痛、局部肿胀、变硬，出现水疱甚至"渗水"，有的可破溃感染；②可能有高热、抽搐、棕色尿；③血生化可见血清酶活性增高，特别是血中肌酸激酶及其同工酶水平明显增高；④重症者可并发多器官多系统损害。

2. 引起内脏器官的损伤

研究表明，右心房、右心室及内膜下心肌组织是过度训练的易损部位，也是运动性心律失常发生的病理基础。过度训练可引起心脏缺氧损伤、血管紧张素、内皮素浓度增加。线粒体功能的改变也是力竭性心脏损伤的重要原因之一。同时，由于过度训练致使肾脏损伤，有单纯尿检异常型、尿检异常并发横纹肌溶解型和横纹肌溶解并发急性肾衰竭型三种临床类型。

3. 造成人体免疫功能下降

大量研究表明，大运动量训练或竞赛会引起运动员机体免疫功能的抑制，从而使感染的危险性增加。许多因素可以影响运动所引起的免疫抑制，如机体状态、环境、心理应激及营养因素等。在大强度运动训练中摄入含糖饮料，适量补充维生素和某些微量元素，可以减轻长时间运动所引起的免疫抑制。

4. 引发运动性营养不良

运动时对营养物质的需求量会加大，同时许多营养物质在消除自由基过程中发挥着重要作用。所以，如果营养不足或缺乏，或其供应速度跟不上身体的要求，会引发运动性营养不良。

（四）过度训练的预防

关于过度训练的预防，主要有以下措施：

1. 运动前做全面的身体检查

运动前要进行身体检查，以了解目前的身体健康情况，尤其是心血管和呼吸系统的机能状况。平时如不经常锻炼，也不了解科学锻炼的知识与方法，急于求成地去练习，不但无益于健康，反而很容易损伤身体。因此，正式锻炼前必须进行身体检查，为锻炼的方式与运动负荷的选用提供客观的依据。

2. 训练要循序渐进，持之以恒

开始训练时，运动量要小些，有 10～14 天的观察反应期。对没有锻炼习惯的人，参加锻炼后，可能不适应，表现为劳累、肌肉酸痛、食欲稍减，甚至睡眠不佳。适应后再逐渐增加运动量，每增加一级负荷量，都要有一段适应期。对多数人来讲，一般运动量的增加不是直线上升的，而是波浪式渐进的，增加运动量时应以延长锻炼时间为主，不宜强调加快速度。

同时，训练一定要系统地进行，要持之以恒。只有这样的锻炼才能使身体结构和机能发生有利的变化，增强体质。

3. 经常了解训练后的脉搏、血压等反应

锻炼时每天或隔天记录自我感觉，对比锻炼前、后的脉搏、血压数值，晨起的脉搏、食欲和睡眠情况等，有了这些记录，便于自我监督。

4. 应避免局部负担过重

训练时应避免某一肢体或器官负荷过重。练习时最好有多个部位参加运动，或每次运动采用多种形式，以使身体各部位得到活动的机会。活动时呼吸要自然，注意多运用腹式呼吸，尽量避免屏气或过分用力。

5. 做好准备活动与整理活动

正式训练前的准备活动是十分有必要的，它可以提高身体各器官系统的活性，使身

体逐步适应运动时所要达到的强度要求。训练后进行一些恢复性的整理活动，可使运动中兴奋的器官逐步地平静下来。运动结束后可进行一些恢复性慢跑、柔韧性放松、局部按摩等。

6. 注意合理的饮食搭配

在训练过程中，要注意合理的饮食搭配，多吃些营养丰富易消化的食物，以补充锻炼时的体力消耗，减少由于食量增加而给消化系统带来的负荷。锻炼时体内水分消耗过多，运动后要适当地补充水分。

7. 劳逸结合

训练和休息要安排适当，劳逸结合，两者不可偏废，要做到动态平衡，即锻炼和休息的时间，要根据身体的反应、外界环境和条件的变化不断地进行调整，这样可以避免因两者安排不当而造成意外。

三、过度紧张

过度紧张是在训练或比赛时，运动负荷超出了机体所能承受的能力而引起的病理状态，多发生于运动比赛经验不足、体育锻炼基础差、长期中断训练或有某种疾病的人。尤其是患有高血压、心脏病的人，如果勉强去完成剧烈的运动或比赛，都可能发生过度紧张。

（一）过度紧张的症状

一般来说，过度紧张有以下表现：

（1）急性胃肠功能紊乱及运动应激性溃疡。急性胃肠功能紊乱是过度紧张中最常见的一种，常在剧烈运动后即刻或短时间内发病，出现恶心、呕吐、头痛及头晕、面色苍白、呈衰弱状态，呕吐物为食物、黏液及水。有的人在运动后仅有恶心或不适感，仍可少量进食；有的人在运动后8~10小时发生呕吐。体检时，腹部有轻微压痛，脉搏稍快，血压多数正常。运动后发生呕吐的原因，可能不是因为胃酸过多，而是运动时发生的物理原因所引起。

（2）昏厥。在运动中或运动后，由于供血量的减少或脑血管的痉挛，引起脑部突然供血不足而发生的暂时性知觉丧失。晕倒前，常有全身软弱、头晕、耳鸣、眼前发黑、面色苍白。晕倒后，意识丧失或模糊不清，面色苍白、手足发凉、出冷汗、心率增快或正常、血压降低或正常、呼吸慢或增快。

（3）急性心脏功能不全和心肌损伤。表现为运动后出现头晕、眼花、步态不稳、面色苍白，身体迅速衰弱，呼吸困难，并有恶心、呕吐、咳嗽、胸痛甚至意识丧失。

（4）脑血管痉挛。运动后突然发生一侧肢体麻木、动作不灵活或麻痹，同时伴有头痛、恶心及呕吐。

（二）过度紧张的防治

1. 预 防

体育运动基础较差者，不可勉强参加紧张的训练或比赛，活动前要做好充分的准备活动，并注意加强身体的全面训练，运动量的增加要做到循序渐进。患病时应积极治疗并注意休息，避免剧烈运动。伤病初愈或因其他原因中断体育锻炼后再重新参加锻炼时，要逐渐增加运动量，不要马上进行大强度训练或剧烈比赛。在参加体力负担较重的比赛前，应做全面深入的体格检查，禁止高血压、心脏病患者和身体不合格者参加比赛。

2. 治 疗

轻度的过度紧张，应将病人安静平卧，并注意保暖，可服用热糖水，一般经短时间休息即可恢复。对有心功能不全的病人，应处半卧位，保持安静，并针刺或掐点内关、足三里等穴，送医院进行诊治。如果有昏迷，应立即送医院进行诊治。

四、延迟性肌肉酸痛

延迟性肌肉酸痛通常在运动后 24 小时之内出现，主要症状为肌肉僵硬、酸痛和自觉酸痛部位肿胀，有压痛，多发生于双下肢主要伸、屈肌群，而肌肉远端和肌腱处常常症状较重，且以肌腹为主。24 ~ 48 小时之内，酸痛达到高峰，之后可自行缓解，5 ~ 7 天消失。

（一）延迟性肌肉酸痛的发生原因

由于运动时肌肉活动量过大，导致局部肌纤维及结缔组织细微损伤，以及部分肌纤维的痉挛。这种酸痛不是发生在运动结束后的即刻，而是发生在运动结束后的 1 ~ 2 天，因此称为延迟性肌肉酸痛。由于这种酸痛现象只是局部肌纤维的细微损伤和痉挛，不影响整块肌肉的运动功能。因此，酸痛后经过肌肉内部对细微损伤的修复，肌肉组织会变得更加强壮，以后同样负荷下将不易再发生肌肉酸痛。

（二）延迟性肌肉酸痛的防治

1. 预 防

运动时，要充分做好准备活动，要循序渐进。把握运动强度及运动量的递进性原则，根据自身的身体状况安排锻炼负荷，尽量避免局部肌肉负担过重。锻炼后，要对主要的工作肌肉进行推拿按摩。

2. 治 疗

对酸痛部位进行热敷或按摩，还可配合做一些伸展练习，也可口服维生素 C 以缓解症状，另外，针灸、电疗等也有一定作用。

五、运动性贫血

血液中红细胞数与血红蛋白数低于正常值，称为贫血。因运动引起的这种血红蛋白数减少，就叫做运动性贫血。

（一）运动性贫血的发生原因

其发病的主要原因有：

（1）由于运动时肌肉对蛋白质和铁的需要量增加，而得不到满足，即可引起运动性贫血。

（2）由于剧烈运动时血流加速，易造成红细胞破裂，致使红细胞的新生与衰亡之间的平衡遭到破坏，从而导致运动性贫血。

（3）运动性贫血发病缓慢，其临床表现有头晕、恶心、呕吐、气喘、体力下降。运动后心悸、心率加快、脸色苍白等。

（二）运动性贫血的防治

1. 预　防

遵循循序渐进和个别对待的原则，合理调整膳食。如运动时经常有头晕现象，应及时诊断医治，以利于正常参加体育运动。

2. 治　疗

如运动中（后）出现头晕、无力、恶心等现象时，应适当减小运动量，必要时暂停运动，并补充富含蛋白质和铁的食物，口服硫酸亚铁，这对缺铁性贫血的治疗有良好的效果。

六、运动中腹痛

练习者在训练和比赛中，因生理和病理原因而发生的腹部疼痛症状，称为运动中腹痛。运动中较常见的是肝脾淤血、胃肠痉挛和膈肌痉挛所导致的腹痛。

（一）运动中腹痛的发生原因

运动中腹痛的发生往往与下列因素有关：缺乏训练或训练水平较低，准备活动不充分，过度紧张，空腹运动，以及饭后过早地参加运动，运动前吃得过饱，或吃了较难消化的食物使胃肠充盈、饱满，都可以引起胃肠痉挛，以致腹痛。由胃肠道痉挛或功能紊乱而引起的腹痛，性质可以是钝痛、胀痛甚至绞痛，部位一般在肚脐周围。另外，运动中腹痛的程度与运动负荷的大小成正比：强度小、较慢速度的运动，疼痛不明显；随着运动负荷的加大，疼痛逐渐加剧。

（二）运动中腹痛的防治

1. 预 防

平时应加强全面身体训练，提高生理机能水平。运动前要充分做好准备活动，运动中注意呼吸节律。膳食安排要合理，饭后须经过一定时间后才可进行剧烈运动，运动前不宜过饱或过饥，也不要饮水过度。训练时要遵循训练的科学性原则，要循序渐进地增加运动量。对于各种疾患引起的腹痛，应就医检查确诊，彻底治疗，疾病未愈之前，应在医生指导下进行练习活动。

2. 治 疗

出现腹痛时应立即降低负荷强度，适当减慢速度，调整呼吸和动作节奏，再用手按压疼痛部位，如果无效或疼痛反而加重，应立即停止运动，请医生诊治。

七、运动性中暑

由于人体运动时产生的热超过了身体的散热能力而发生的高热状态，称为运动性中暑。在炎热的夏季进行训练和比赛较易出现此种现象。运动性中暑可分为热射病、日射症、热痉挛和循环衰竭四种类型。

（一）运动性中暑的发生原因

运动性中暑的发生一般有以下原因：

（1）热射病。热射病是发生在高热环境中的一种急性病。运动时，体内产热较多，如果天气温度和湿度较高，且空气不流通，身体散热就会受到影响，热量在体内大量积累，造成体温大大升高，水、盐代谢出现紊乱，严重影响体内的生理机能以及中枢神经系统的机能活动。

（2）日射症。是指由于阳光直接照射头部而引起的机体强烈反应。

（3）热痉挛。运动中机体大量排汗，失水、失盐过多以致电解质平衡紊乱，发生肌肉疼痛和痉挛。

（4）循环衰竭。由于运动时机体失水过多，使血容量减少，如果心脏功能和血管舒张调节不能适应，可导致周围循环衰竭而发生中暑。

（二）运动性中暑的防治

1. 预 防

高温炎热季节运动时，应当减少运动量和运动时间。夏天在室外锻炼时，应戴白帽，穿浅色、宽松、通风性能好的运动服。准备清凉消暑或低糖含盐的饮料，并准备急救药品，发现中暑症状，立即停止运动，及时处理。

2. 治　疗

一旦出现中暑，首先必须降温，迅速将患者移到凉爽、通风的地方，平卧休息，头部稍垫高，松解衣服，全身扇风，头部冷敷，用温水或酒精擦身，饮用盐开水或清凉饮料，必要时服解热药物。如有昏迷，一面刺激人中急救，对四肢进行重推摩和揉捏，一面迅速送医院治疗。

第三节　敦煌拳训练中膳食营养的合理调配

一、运动能力与营养

人体摄取并利用食物的过程称之为营养。营养是保证人体正常生长发育、保持健康和增强体质的关键因素。对于从事敦煌拳练习的人来说，在锻炼的过程中必然要消耗身体的能量，而这部分能量的获得，都是通过我们的饮食获得相应的营养素加以转化而来的。

人类每天都必须摄取一定数量的食物来维持自己的生命与健康，通过食物，吸收人体所必需的营养素，来维持我们日常的生活、生产、工作和学习。现代科学研究发现，人体需要的营养素有40多种。包括蛋白质、脂类、碳水化合物、维生素、无机盐（矿物质）和水。

（一）蛋白质

蛋白质是构成人体生命的重要物质。它在构造机体、修补组织、调节人体生理功能、供给热量方面发挥着重要作用。组成蛋白质的元素为碳、氢、氧、氮、硫。蛋白质是人体氮的唯一来源。各种蛋白质的含氮量相当接近，约为14%。蛋白质的基本组成单位是氨基酸，组成蛋白质的氨基酸约有20种，它们以不同的种类、数量和排列顺序构成种类繁多、功能各异的蛋白质。其中有9种是人体不能合成或合成的速度不能满足需要，必须由食物供给的，称为必需氨基酸。其他十几种称为非必需氨基酸，非必需氨基酸并非人体不需要，只是它们可在体内合成，不一定要从食物中摄取。

食物中蛋白质含量有很大差异。畜禽和鱼肉中蛋白质含量为10%～20%。干豆类蛋白质含量约为20%，其中大豆含量可达40%。蛋类蛋白质含量在12%～14%，奶粉含蛋白质约为20%，鲜奶为3%。谷类的蛋白质含量虽然只有7%～10%，因作为主食，进食量大，也是膳食蛋白质的主要来源。一般来说，食物中蛋白质的营养价值，一方面取决于它们在人体内的消化率。通常情况下，动物来源的蛋白质的消化率高于植物性蛋白质。而且，蛋白质的消化率与食物的加工烹调方法有关。例如，大豆加工成豆腐后，其消化率可大大提高。另一方面，食物蛋白质的营养价值也取决其生物价值。食物蛋白质的生物价值是指食物蛋白质经消化吸收后在体内被利用的程度，食物蛋白质的氨基酸组成与人体需要的模式越相近时，其利用率越高，也就是营养价值越高，动物来源的蛋白质在人体的利用较好，为优质蛋白质，谷类蛋白质含赖氨酸低，若能与含赖氨酸高的动物蛋白质或豆类混合食用，则能弥补其不足，大大提高其生物价值。

（二）脂 类

脂类是人体必需的一类营养素，是人体的重要组成部分。人体的脂肪储存于脂肪细胞中，以甘油三酯的形式存在，甘油三酯也在肌肉中存在。脂肪细胞分为两种，白色脂肪组织细胞是长期储脂的场所，脂肪酸参与能量代谢的燃料供应；褐色脂肪组织被认为只是对幼儿产生热效应。脂肪酸中的某些成分也是神经细胞膜的基本成分。脂肪是供应人体能量的重要物质，脂肪能产生大量的热量，它还是构成人体细胞的主要成分之一。另外，脂肪在体内起着固定内脏器官以及润滑协调和储能的作用，在体表起着保暖的作用。它是多种维生素被人体吸收的溶剂，是调节人体正常生理功能不可缺少的重要营养物质。一名青年，每日摄入50克脂肪即可满足活动的需要。

脂肪主要来自动物性食物，如猪油、牛油、羊油、奶油及蛋黄等；也来自植物性食物，如芝麻、大豆、花生等。

（三）碳水化合物

碳水化合物亦称糖类，是自然界存在最多、分布最广的一类有机化合物。葡萄糖、蔗糖、淀粉和纤维素等都属于碳水化合物。碳水化合物由碳、氢、氧三种元素组成，而且氢和氧的比例和水分子的组成相同，它是供应人体能量、维持体温的重要物质，约占每日所需总能的70%，同时，其在构成身体组织、辅助脂肪氧化、帮助肝脏解毒、促进肠胃蠕动和消化腺的分泌等方面起着重要的作用。正常人每天摄入400～500克的碳水化合物，就能够满足每日的活动所需。当高度紧张的脑力活动和大运动量的体育运动时，血糖消耗得很快，应适当给予补充。一天之中不按时进食，血糖会逐渐下降。供应脑的血糖浓度减低，会引起头晕、体虚和强烈的饥饿感。因此，进食习惯非常重要。

糖类的供给量与消耗量应根据工作形式和劳动强度而定，劳动强度越大、时间越长，糖类的需要量就越多。一般情况下，体内糖类储备很少，因此，必须从每日膳食中摄取。但摄入蔗糖过多时，对身体有很多危害，如肥胖病、糖尿病、心血管病、龋齿、近视等疾病的发生都与摄入过多的糖有关。

糖类的主要来源是粮食（米、面、玉米等）、豆类和根茎类食物（甘薯、马铃薯等）中所含的淀粉；此外，水果、瓜类也含糖类。我国人民的膳食习惯是多糖膳食，糖类在膳食中的比例较高，一般情况下没有必要在膳食之外再另外补充糖类。

（四）维生素

维生素是维持人体生命活动必需的一类有机物质，也是保持人体健康的重要活性物质。维生素不是人体能量的直接来源，也不参与身体结构的组成，但它是调节体内化学反应的有机物质，对于生长发育和维持正常生命则是必不可少的。大多数维生素不能在体内合成，或合成的量不能满足人体需要，一定要从膳食中获得。人体对维生素的需要量虽很少，但如果缺乏到一定程度，就会发生缺乏的症状，会造成新陈代谢的障碍，身体抵抗力削弱，工作效率下降，影响人的正常生理功能。因此，运动后适当补充维生素，可以提高体内环境的调节能力和有助于疲劳的恢复。

（五）无机盐

人体组织中，除碳、氢、氧、氮等主要元素以有机化合物的形式出现以外，其余各种元素统称为无机盐（也称矿物质）。无机盐与人体的健康关系密切。人体需要的无机盐有两类，一类是需要量较大的，如钠、钾、钙、磷、镁、硫、钠等。它们对于调控体液的交换速率、调节体内营养物质的代谢、保持人体内环境的平衡等起着关键作用。另一类是需要量较少的微量无机元素，如氟、碘、锌、铁等。它们对于保持牙齿的健康、骨骼的形成、甲状腺素的正常、血细胞的生成、人体组织的再生功能等起着重要作用。

（六）水

水是人体赖以维持基本生命活动的必要物质，人对水的需要仅次于氧气。人体内的水，既不能少，也不能多，应保持相对平衡，还要克服不渴就不喝水的不良习惯。每日保持充足的水分供应，是体内能量产生、体温调节、营养物质的代谢所不可缺少的基本条件。尤其是在高温季节和较长时间的剧烈运动时，更应注意补充较多的水。

一般而言，人每天喝水的量至少要与体内的水消耗量相平衡。人体一天所排出尿量约有1 500毫升，再加上从粪便、呼吸过程中和从皮肤所蒸发的水，总共消耗水大约是2 500毫升，而人体每天能从食物中和体内新陈代谢中补充的水只有1 000毫升左右，因此正常人每天至少需要喝1 500毫升水。

补充水的方式主要通过饮水和进食，需要注意的是，每日的饮水量应随气温、身体状况、劳动强度的不同而有所调整；要注意饮水卫生，防止饮用含氟、氯、汞、砷等对人体有害元素超标的水；多喝白开水，少喝一些饮料和净化水。

二、敦煌拳练习者的合理膳食与营养补充

（一）敦煌拳练习者的合理膳食

合理膳食是指合理的饮食结构、均衡的营养补充，是指饮食中所含有的各种营养素应种类齐全、比例合适、数量充足，能满足人体生理和健康需要。在敦煌拳训练中，合理膳食是武术运动员发展体能素质、提高训练水平的必要措施。一般来说，合理膳食的主要原则有以下几点：

1. 营养成分的全面性

要实现膳食营养的合理性，必须做到营养成分全面均衡，营养搭配因人而异，营养过程要持之以恒，久而久之，才能从营养学角度提高体质与健康水平，并促进体育训练水平的提高。对于武术运动员来说，要实现营养成分的全面性，在日常饮食中应包括人体所需要的各种营养素，即蛋白质、脂肪、糖类、矿物质、维生素和水，以维持人体正常生理功能的需要。自然界中没有任何一种食物能够满足人体所需的各种营养素，所以就必须充分利用自然界的各种食物，组成营养素种类齐全、比例合适、数量充足的完全饮食。同时，营养成分的全面性还要求各种营养素之间应有适当的比例关系。《中国居民膳食指南》将自然界中各种食物根据其营养特点分为5类。第1类为谷类、薯类、杂豆类，主要提供糖类、蛋白质、B族维生素，是我国饮食热能的主要来源；第2类为动物性食品，包括肉、禽、蛋、鱼、奶等，主要提供蛋白质、脂肪、矿物质、维生素A和B族维生素；第3类为大豆及豆制品，主要提供蛋白质、脂肪、膳食纤维、矿物质和B族维生素；第4类为蔬菜、水果，主要提供矿物质、维生素C、胡萝卜素和膳食纤维；第5类为纯热能食物，包括动、植物油脂、各种食用糖和酒类，主要提供热能。这5大类食物均应适量摄取，合理搭配，动物性食物和纯热能食物均不能摄入过多，应保持生熟营养素的比例平衡、维生素之间平衡、可消化的糖类和食物纤维之间平衡、酸碱性食物平衡等。

2. 营养成分的互补性

日常饮食中的任何一种食物，所含的营养成分都不可能十分全面，而且，一种食物在富含一种或数种营养成分的同时，就可能缺少另外某种成分。例如，粮食谷物主要提供糖类，肉禽蛋类等主要提供蛋白质与脂肪，而蔬菜与水果是维生素、无机盐的主要来源，只有各种食物合理搭配，才能实现营养成分的互补，满足机体的需要。营养成分的互补性要求人们在选择食物时应多样化。

此外，自然界中各种食物的营养成分与生理功能不尽相同，5大类食物各有各的特点，同一类不同种食物之间也各有差异，任何一种食物均不能代替其他食物。所以就必须充分利用自然界的各种食物，合理搭配，不能长期单吃一类或一种食品。每天饮食中应包括所有5大类食物，并且每类食物也要经常变换花样。

3. 饮食制度的合理性

敦煌拳练习者的饮食制度在遵循人体生理活动的基本规律的基础上，要适合自身的身体发育、发展和自己的饮食习惯。例如，一般来说，三餐热能的分配是早餐30%、午餐40%、晚餐30%。早饭对人至关重要，应摄入鸡蛋、牛奶等质量较高的食物，吃早饭对于保证人体大脑活动的热能需要、注意力集中、训练能力提高，以及身体长久的健康有着重要的意义。而晚饭要适量，因为饭后血脂浓度增高，睡觉后血流速度减慢，大量血脂容易沉积在血管壁上，而易造成血管硬化。

（二）敦煌拳练习者的营养补充

经常参加敦煌拳训练的人，如果缺乏营养保证，营养消耗了而得不到补充，机体就会处于"亏损"状态，运动后的疲劳就不能及时消除。因此，在运动过程中应通过合理的膳食来补充消耗的能量和营养物质。一般来说，敦煌拳训练过程中的饮食应注意以下事项：

（1）对大多数喜爱敦煌拳运动的人来说，合理的饮食应包括：40%~70%的糖类，12%的蛋白质以及18%~28%的脂肪。一般来说，健身运动者和其他人一样应该严格控制脂肪，尤其是饱和脂肪酸。每千克体重需要蛋白质1.0克，这个数字高出正常人的0.8克/每千克体重，健康的饮食容易达到此要求，不用再补充蛋白质。爱好运动的人消耗的热量常高于正常人，所以饮食中需要补充额外的热量，糖类是最佳的能量来源。

（2）应多补充蔬菜、水果。1天至少食用新鲜蔬菜500克，品种最好有2~3种，以新鲜深色蔬菜为佳。植物油根据菜肴的情况使用烹调油，全天可用20~30克。

（3）当进行健身运动，特别是剧烈运动时，人体依靠大量出汗达到机体散热的作用，导致大量的水分和电解质经由汗水流失，所以，运动后及时补充水分和电解质非常重要。一般来说，健身运动后补充的饮料都为糖盐水，也可饮用菜汁、果汁、咸菜汤等。补充水分的方式是少量多次，不宜一次饮用大量的水。

（4）运动后饮食安排的要求：

① 忌立即进食，至少休息1小时左右。

② 食物要细软，易于消化，忌暴饮暴食或过饥过饱。

③ 运动的供能以糖类为主，运动后血糖浓度显著减少，因此应增加糖类的补充量，选择含糖量高的食物。糖类的补充也能使疲劳的肌肉得到恢复，糖原得到补充。

④ 适当地补充维生素，对加速体力恢复、保持较强运动能力是很有必要的，其中特别是维生素C和维生素B。

⑤ 水分的补充能补偿出汗的失水量，保持体内水分的平衡。补水时要注意少量多次，还要适当进盐。

第七章 敦煌拳的基本素质训练

敦煌拳套路与技击千变万化、技理深邃，要想高质量地完成一套敦煌拳练习套路或者自如地运用某种技击，没有良好的身体素质和心理素质是不可能实现的。因此，在进行敦煌拳技术训练的过程中，还应加强基本身体素质和心理素质的训练。

第一节 敦煌拳的身体素质训练

一、敦煌拳身体素质训练概述

身体训练是指运用各种身体练习的方法与手段，全面提高与改善练习者身体的形态、机能和素质水平的训练过程。而其中又以身体素质的训练为主要内容。敦煌拳运动的身体素质训练，不仅能增强体质，增进健康，提高身体各器官和系统的机能，而且还是掌握和提高敦煌拳专项技术，创造优异成绩的基础。此外，加强敦煌拳运动的身体素质训练，也是预防和减少运动损伤的重要手段。

敦煌拳运动的身体素质训练包括一般身体训练和专项身体训练两个方面。一般身体训练主要采用多种多样的训练方法和手段，全面发展运动素质，为敦煌拳专项身体训练打好基础；专项身体训练是指与敦煌拳运动有紧密联系的专项性身体练习。一般来说，练习者的身体素质训练主要包括力量、速度、耐力、柔韧性和协调性等练习内容。练习者在学习敦煌拳技术的同时，只有科学合理地进行全面的一般身体素质练习和专项身体素质练习，才能很好地掌握和提高敦煌拳的技术技能。

敦煌拳运动的身体素质训练有以下基本要求：

其一，身体训练要全面。

在进行身体素质训练时，要根据练习者的生理、心理特点和敦煌拳运动对各项运动素质的要求，循序渐进，进行全面系统的身体训练，逐步提高各器官系统的适应能力和承担负荷的能力，为敦煌拳运动技术的掌握和提高打下牢固的身体基础。

其二，把握好身体素质发展的敏感期。

身体训练主要内容是对运动素质的训练。每一种运动素质在不同的年龄阶段的发展速度是不同的，训练获得的效果也是不一样的，这就为各项素质的全面发展提供了客观依据。运动素质发展的最佳时期通常称为素质发展的敏感期。训练中应抓住有利时机，使身体素质在敏感期得到较大的提高。

其三，掌握好一般身体训练与专项身体训练的比例。

一般身体训练和专项身体训练的比例，要有长远规划，合理搭配，力求科学地控制训练全过程。在早期训练阶段，以一般身体素质训练为主，以发展各项运动能力和机能能力为主。专项身体素质训练以敦煌拳基本功为主，随着练习者各种能力的不断提高和年龄增长，专项身体素质训练的比例逐渐加大，基本功训练的内容增多，难度加大，逐渐提高围绕专项所需要的各种能力如力量、速度等进行专门性身体训练。

其四，专项身体训练与基本技术相结合。

在专项身体训练的早期，主要是通过专项的手段如基本功训练，来发展专门能力，在专项能力训练的全过程，始终贯穿着对基本技术的规格和完成动作的能力来要求，这样做的目的就是把身体训练与技术训练结合起来，使基本技术得到熟练、巩固与提高，把身体训练的成果通过专项技术转化到练习者的技术水平上去。

此外，在进行敦煌拳身体素质训练的同时，还要注意抓好练习者的思想教育，树立正确的训练动机，培养高尚的武德、优良的作风和坚强的意志品质，促进练习者身心的全面发展。

二、敦煌拳身体素质训练的方法

（一）柔韧性训练的方法

柔韧性是指人体关节的活动幅度、肌肉和韧带等软组织的伸展能力和弹性。它是敦煌拳练习者必须具备的基本专项素质，而且占较大的练习比重，是掌握和提高敦煌拳技术动作的重要条件。拳谚云："打拳不遛腿，必是冒失鬼""练拳不活腰，终究艺不高"。经常进行柔韧性练习，不仅能增大敦煌拳动作的幅度和伸展性，而且有利于避免伤害事故的发生。在练习时要采用动静结合、上下结合的练习方式。注意练习前做好充分的准备活动，让身体微微发热后，再进行一些压、搬和踢腿的练习。

1. 柔韧性素质的分类

（1）一般柔韧性。

指练习者在进行训练时，为适应这类身体练习，保证一般训练顺利进行所需要的柔韧素质。例如，练习者在速度练习时，加大必要的步幅所需要的腿部柔韧性。

（2）专项柔韧性。

是专项运动技术所特殊需要的柔韧性。它建立在一般柔韧性的基础上，并由各专项动作的生物力学结构所决定。

（3）主动柔韧性。

指练习者依靠相应关节周围肌肉群的积极工作，完成大幅度动作的能力。主动柔韧性不仅涉及培养对柔韧性有直接影响的能力，而且还涉及力量素质的发展，力量素质的发展能促进主动柔韧性水平的提高。

（4）被动柔韧性。

是指被动用力时，关节所能达到的最大活动幅度，一般来说，练习者被动柔韧性的指标一般高于主动柔韧性。被动柔韧性是发展主动柔韧性的基础。

2. 敦煌拳柔韧素质训练的方法与手段

在敦煌拳训练实践中，柔韧素质训练的方法可分为主动性练习、被动性练习和混合性练习三种。

（1）主动性练习。是指由练习者主动用力完成相应部位软组织拉长的练习，如发展敦煌拳柔韧性时经常采用的压腿、压肩等固定支点的练习，在最大幅度时依靠自身的肌肉力量保持静止姿势的练习，原地或行进间的踢、摆练习和翻腰、涮腰练习等。因此，主动性练习也包括动力性练习和静力性练习两种形式。

① 动力性练习。是指练习者依靠自己的力量，将肌肉、肌腱、韧带等软组织拉长，提高其伸展性的方法。根据完成动作的特点可将其分为单一的和多次的（如两次重复和多次重复的体前屈）、摆动的和固定的（如固定支撑点的拉肩）、负重的和不负重的拉伸练习。

② 静力性练习。是指练习者在动作最大幅度的情况下，依靠自身肌肉力量保持静止姿势的练习。如把杆控腿、体前屈后的静止等。

（2）被动性练习。是指借助于外力，使练习者的软组织被动拉长，使之达到最大活动范围的练习方法。如在教练员或同伴的帮助下进行的扳腿、撕腿、甩腰、压叉及提高肩关节灵活性的练习，由外力来保持某种静止姿势，使相应部位的活动范围达到最大幅度的练习。被动柔韧性练习同样也包括动力性练习和静力性练习两种形式。

① 动力性练习。是指依靠教练员或同伴的助力来拉长韧带、肌肉的练习。如依靠同伴的帮助来逐渐提高后举腿的动作幅度。

② 静力性练习。是指由外力来保持固定姿势的练习。如依靠同伴的力量来保持体前屈的最大幅度。

被动性练习对于发展主动的柔韧性来说，其效果要比主动性练习小一些，尤其对被动的静力性练习来说，更是这样；但它却可以达到更大的被动柔韧性指标。被动柔韧性的最大指标往往又决定主动柔韧性的指标。因此，在训练过程中两者必须兼而有之。

（3）混合性练习。是指主动柔韧性练习和被动柔韧性练习交替进行的一种练习，这是在基础训练阶段经常采用的练习方式，如压腿后再由教练员帮助扳腿、撕腿、甩腰、压叉等。随着训练水平的提高，可以适当增加负重的柔韧性练习，如下肢绑沙袋的踢腿，使之产生一种惯性，从而使被动柔韧性得到提高。

3. 敦煌拳柔韧性训练的注意事项

（1）柔韧性练习应从小开始。从小发展的柔韧性素质，由于是在人体自然生长发育的过程中实现的，因此，能得到保持和巩固，不易消退。此外，8～12岁是柔韧性素质发展的"敏感期"，抓住这一时机进行训练可以获得事半功倍的效果。

（2）敦煌拳运动要求练习者具有全面的柔韧性，即身体的各主要关节部位都需要进行锻炼。这是因为，在一些动作中，柔韧性的表现往往是牵涉到几个相互有关联的部位。例如，为了发展腰部柔韧性，而采用"桥"的练习，就是由肩、脊柱、髋等部位的关节所决定的。因此，在练习过程中对这几个部位都应该进行训练，倘若忽视某一部位就有可能出现外伤。此外，如果发现某一部位稍差，就应立即采取措施使其得到改善。

（3）进行柔韧性素质的练习之前，应先进行一定的准备活动，使身体预热，以免肌肉拉伤。柔韧性素质练习之后应结合放松练习，以便使伸展肌群得到放松和恢复。如压腿之后做几次屈膝练习，体前屈练习之后做几次挺腹、挺胯动作，下完腰后做几次体前屈或团身抱膝动作等。

（4）柔韧性素质训练要根据对象特点和动作及专项的要求，认真分析研究，有目的地发展所需要的柔韧性。柔韧性练习时，应由简到繁，由易到难，循序渐进，动作幅度也应由小到大，不能操之过急。练习动作要规范，不要用力过猛，强调把注意力集中在放松及拉长的肌肉和韧带上。

（5）进行柔韧性素质练习时要防止受伤。柔韧性练习主要是运用各种方法，拉长人体关节肌肉、韧带的长度。但如不注意采用科学的方法，非常容易出现肌肉拉伤事故。因此，要提高柔韧性练习的最终效果，必须要防止在练习时受伤。一般在拉长肌肉的过程中，不易用力过猛，还要合理地加力与减力，保证柔韧性练习的正常进行。

（6）不能过分追求柔韧性而影响关节的稳固性，柔韧性练习应与力量练习相结合，这样可以避免单一素质的练习所带来的不良后果，促使两者协调发展。

（7）柔韧性练习应将静力性拉伸和动力性拉伸结合进行。一般来说，动力性练习，每组练习可做 10 ~ 12 次；静力性练习每组间隔时间可为 15 ~ 30 秒钟，一次课可安排 5 ~ 8 组，练习的间歇时间要充分，并安排相应的放松练习。

（8）发展柔韧性素质是需要顽强的意志品质的，初练者多半疼痛难忍。而且，柔韧性素质退化很快，必须经常练习才有可能保持现有水平。

（二）力量训练的方法

力量是指人体神经肌肉系统工作时克服或对抗阻力的能力。肌肉力量是人们完成各种动作的动力之源，其水平高低不仅对速度、耐力等运动素质有重要的影响，也在一定程度上影响着技战术的掌握和提高。拳谚讲："一力破十巧""以力补拙"，这充分说明了力量素质在敦煌拳运动中的重要性。

1. 力量素质的分类

（1）最大力量。是指以最大限度地发挥神经肌肉系统的意志收缩对抗外力的一种力。最大力量往往表现在可能克服和排除的外阻力大小上。一般来说，人的最大力量不是固定不变的，而是经常处在动态变化中，这就要求不断发掘自身能力的极限。

（2）快速力量。也称速度力量，是指神经肌肉系统以最快的速度发挥最大力量的能力，也可以说是在最短的时间内发挥最大力量的能力。这种能力在许多运动项目中是决定运动成绩的重要指标。研究指出，当发挥快速力量时间超过 150 毫秒时，最大力量起作用。当发挥快速力量时间小于 150 毫秒时，爆发力和起动力起作用。快速力量以速度和加速度的形式表现出来。

通常来说，快速力量的特殊形式是爆发力、弹跳力和起动力。

① 爆发力。爆发力是快速力量的一个组成部分，在 150 毫秒之内达到最大力值；是神经肌肉系统以最短的时间、最大的加速度爆发出最大的肌肉力量的能力。通常用力的梯度和冲量来表示，它是利用肌肉弹性能的一种力量，即在爆发力之前的一瞬间有一个极短暂的肌肉预拉长瞬间产生弹性能（约为原肌肉长度的 5%），迅速向相反方向用力收缩的动作过程。

② 弹跳力。是指神经肌肉系统在触地前瞬间被拉长，后在自动（触地）转化为缩短的过程中，以很高的加速度朝相反方向运动而使身体产生跃起的能力。它与爆发力不同的是有一个触地的动作过程。

③ 起动力。是指神经肌肉系统在极短的时间内发出尽量高的力量的能力，即用力开始后约 50 毫秒就能达到较高力量的能力，是快速力量中收缩时间最短的力，也是一种表现在必须对信号作出快速反应的运动项目上的一种力量能力，如击剑弓步直刺、拳击闪电般的击打等。

（3）力量耐力。

是指机体长时间承受负荷（负荷为个人最大负荷的 30% 左右）对抗疲劳的能力。

2. 敦煌拳力量素质训练的方法与手段

（1）上肢力量训练的方法。

① 直立推举。两脚开立，将杠铃放置在锁骨上，伸臂向上推举杠铃，如图 7-1、图 7-2 所示。也可宽握坐推。

图 7-1

图 7-2

② 颈上卧推。平躺在练习凳上或垫子上，握住杠铃、哑铃等重物，用力将重物自胸部向上推起，如图 7-3、图 7-4 所示。

各种俯卧撑。两手掌心撑地俯卧撑，身体挺直，屈肘尽量使胸部触地，然后用力伸

图 7 - 3   图 7 - 4

直两臂，如图 7 - 5、图 7 - 6 所示。也可以做拳势俯卧撑，两手握拳，拳面撑地；或指撑俯卧撑，五指张开撑地，连续做俯卧撑。

图 7 - 5   图 7 - 6

（2）下肢力量训练的方法。

① 深蹲。两脚开立，持杠铃或哑铃在肩上，挺胸直腰慢慢屈膝下蹲，至大小腿夹角小于 90° 后再起立，如图 7 - 7、图 7 - 8 所示。也可做深蹲跳练习，两脚蹬地向上跳起，两脚落地缓冲屈膝全蹲。

图 7 - 7   图 7 - 8

② 弓步跳。肩负杠铃，两脚分开成弓步，两脚蹬地跳起，在空中交换前后腿，当两脚落地后随即再蹬地跳起，重复做弓步跳动作，如图 7 - 9 ～ 图 7 - 11 所示。

图 7 - 9   图 7 - 10   图 7 - 11

（3）腰腹力量训练的方法。

① 弓身。两手持杠铃于颈后，两腿开立约与肩宽，身体直立，上体慢慢前屈，当上体和地面平行后，恢复直立姿势再做，如图 7 – 12、图 7 – 13 所示。也可体前屈后静止片刻再向上起身。

图 7 – 12 　　　　　　　　　　图 7 – 13

② 直腿硬拉。两腿伸直站立，上体前屈，两臂伸直握住杠铃，然后直腰提杠铃挺身，如图 7 – 14、图 7 – 15 所示。

图 7 – 14 　　　　　　　　　　图 7 – 15

③ 仰卧起坐。仰卧在垫上或凳上，两手抱头或持较轻重物，下肢固定，两膝伸直或弯曲，上体快速收腹起坐，然后慢慢后倒，重复练习，如图 7 – 16 所示。

④ 仰卧收腹举腿。仰卧在垫上，上体不动，收腹举腿，连续做，如图 7 – 17 所示。

图 7 – 16 　　　　　　　　　　图 7 – 17

（4）结合专项力量训练的方法。

① 腾空跳。敦煌拳跳跃动作的用力方式，多表现为爆发式踏跳。发展练习者的弹跳力，是指在进行各种跳跃动作练习时，肌肉的工作方式、动作结构、用力方向及关节角度与敦煌拳腾空跳跃专项技术要求相一致。这种接近专项技术的弹跳力练习，是发展弹跳力比较常用的方法，它对武术跳跃技术动作的掌握和提高起着正诱导作用，如击步摸高、击步冲顶吊球、击步连续直体跳、拉腿跳、收腿跳及各种转体跳等。通过专门性练习，如连续腾空飞脚、双飞脚、旋风脚和外摆莲等完整技术的重复练习，来发展练习者的弹跳力。

② 负重练习。完整动作的快速重复练习，要求练习者具有逐步提高克服自身重量和器械重量的能力。发展速度力量，可采用负重练习的方法，如穿沙背心进行组合、分段、整套的操练，改变器械的重量，在不改变完成动作的幅度、速度、动作规格要求的前提下，进行发展速度力量的练习。由于速度力量训练的目的是培养快速完成动作的能力，所以采用负重和变换器械重量的训练时，负荷量要适宜，使速度和力量两方面都得以提高，以适合专项力量的要求。

③ 采用系列重复法。练习者在完成各种动作时，所表现出来的劲力取决于速度力量的发展水平。由于速度力量具有速度和力量的综合特征，它的提高受速度和力量两种素质的制约，因此，可以通过改进技术、提高动作速度、发展相应肌群力量的重复练习来发展力量。练习时，应使练习者体会最大用力和最大速度，并逐步提高最大用力和最大速度持续的时间、重复次数。在进行不同结构的动作练习中（组合动作），应要求动作连贯、衔接紧凑、协调自然，充分表现出完成动作的劲力，以利于速度力量的提高。

3. 敦煌拳力量训练的注意事项

（1）进行力量练习前要做好准备活动，对练习手段要正确选用，符合要锻炼的肌肉群的要求。练习的重量要由轻到重，练习的速度要由慢到快。一般来说，练习顺序是先练技术动作，后练力量素质；先练上肢力量，后练下肢力量；先练大强度力量，后练力量耐力；先练大肌肉群，后练小肌肉群。

（2）在进行敦煌拳力量素质的训练时，应使肌肉先充分伸展拉长。然后再收缩，动作的幅度要大。因为肌纤维被拉长后可以增大收缩的力量，同时又可保持肌肉良好的弹性和收缩速度。力量练习以后，肌肉常会充血，胀得很硬，这时应作一些与力量练习动作相反的拉长动作，或者做一些按摩、抖动，使肌肉充分放松。这样既可加快疲劳的消除，促进恢复，又可防止关节柔韧性因力量训练而下降，同时也有助于保持肌肉良好的弹性和收缩速度。

（3）应重视身体各个部位的锻炼，全面发展各个部位的力量，如上肢、躯干（腹肌、背肌、腰部两侧肌肉）、下肢的力量以及举、提、蹲、跳跃等能力。

（4）进行动力性肌肉力量练习时，负荷和速度之间有着密切关系。负荷越大，速度就越小，应根据练习的要求合理安排。对于青少年来说，爆发力非常重要，在力量练习时，选择适宜的负荷，尽量加快动作速度，这对提高肌肉的爆发力十分有益。

（5）在进行力量练习时，应根据自己的实际情况选择合适的负荷，但无论选用什么样的负荷，都要遵循由小到大的原则，切勿突然增加运动负荷而造成伤害事故。

（6）要持之以恒，如果停止练习，已经获得的肌肉力量也会逐渐消失，肌肉力量消失的速度相当于获得肌肉力量速度的1/3。为了保持已经获得的肌肉力量，可每周进行一次力量训练。

（7）在练习中，要注意掌握技术要领和练习时间与次数，合理安排练习，防止运动损伤和运动过度。

（8）在进行敦煌拳力量素质训练时，应注意摆动的动力性练习，尤其要注意动作的振幅。这样做可使练习者获得用力感和速度感，增强技术动力力量，培养快速完成拳术动作的能力，同时也改进了关节的灵活性。为了增大动作的振幅，要注意结合肌肉的放松和伸展练习，以使肌肉保持弹性和柔韧性。

（三）灵敏素质训练的方法

灵敏素质是指在各种突然变化的条件下，能够迅速、准确、协调地改变自身的动作，以适应变化着的外环境的能力。灵敏素质是各种基本运动素质、运动技能和心理感知能力的综合体现，是一种典型的复合素质。通常来说，判断和评价灵敏素质的水平，主要从三个方面衡量：第一，是否具有快速的反应、判断、闪躲、转身、反转、维持平衡和随机应变的能力。第二，在完成动作的过程中，能轻松自如地控制自己的身体，在任何条件下都能熟练、准确地完成动作。第三，是否能将速度、力量、耐力、平衡性、节奏感等身体运动能力通过娴熟的技能予以表现。

灵敏素质分为一般灵敏素质和专项灵敏素质，前者指适应一般活动的灵敏素质，后者指符合专项需求的特殊灵敏素质。敦煌拳运动，尤其是技击运动，对灵敏素质要求很高。拥有良好的灵敏素质不仅是掌握和完善各种高难度复杂技术的基础，同样也是正确运用和发挥战术功能的重要保证，还可有效地应付各种意外事件和预防伤害事故的发生。

1. 敦煌拳灵敏素质训练的方法和手段

（1）基本训练方法。

① 正踢腿转体。一腿支撑站立不动，异侧腿从下向前上方踢起至最高点时，以支撑腿为轴向后转体180°，两腿交替进行。练习3组，每组20次。踢腿时应两腿伸直，上踢快，下落轻，上踢至前额30厘米以内时方可以做转体动作。

② 立卧撑跳转体。完成一次立卧撑动作，接着原地挺身跳转体180°。要求动作准确，衔接迅速。计算30秒内完成动作次数，练习3组。

③ 弓箭步转体。两腿成左弓箭步姿势，两臂弯曲置于体侧，身体迅速向右旋转，成右弓箭步姿势，有节奏地进行。连续转体10秒为1组，练习3组。要求转体动作幅度要大且快。

④ 十字变向跑。练习者在画有"十"字的场地上，沿着"十"字的笔画方向进行快速的跑动。

⑤ 障碍跑。练习者在一条直线上设置数个障碍，沿着直线快速跑动，要求绕过障碍。

（2）结合专项训练方法。

① 后扫腿。左腿屈膝半蹲，左脚向前上步，右腿把膝伸直成弓步。左脚尖内扣，左腿屈膝全蹲，成右扑步姿势。同时上体右转并前俯，两手随身体右转在右腿内侧撑地，右手在前。随着两手撑地上体向右后拧转的惯性力量以左脚前脚掌为轴，右脚贴地面向后扫转一周。也可以做前扫腿练习。要求整个动作过程连贯迅速，左右腿交替练习，共练习4组，每组10次。

② 旋风腿。两腿稍屈，开步站立，两臂向身体右或左斜下方平行伸出，此时左脚由左侧迅速提起向上高摆，两臂上摆，上体左转，右脚迅速蹬地充分伸直后腾空。上体从左后前方围绕身体的垂直轴旋转一周。右腿上摆后由外侧随旋转大腿内收向里摆动。左手于体前上方拍击右脚底，然后落地。练习5组，每组3次。

③ 腾空飞脚。右脚上步，左脚向前摆踢，右脚蹬地跃起身体腾空，右脚向前上方弹踢，脚面绷直，脚尖向下。要求右腿在空中踢摆时，腾起高度要高，左腿在击响的一瞬间，收控于右腿侧。练习5组，每组3次。

④ 燕式平衡。前滚翻接燕式平衡10秒。要求动作规范，左右脚交替进行，重复2次。

2. 敦煌拳灵敏素质训练的注意事项

（1）人体能否在运动中表现出准确的定向、定时能力和动作准确、迅速变换的能力，都取决于各种分析和运动器官功能的提高。灵敏素质的发展与各种分析和运动器官机能的改善存在着密切的关系。但是，如果人体一旦对某一动作技能熟练到了自动化的程度，那么再用该动作去发展灵敏素质的意义就不大了。为此，发展灵敏素质的训练方法应是多种多样的，并且要经常改变。这样可以提高人体内各种分析器官的功能，在运动中还能够表现出时空三维立体中的准确定向、定时能力及迅速变换的能力。

（2）灵敏素质对人体神经系统的兴奋性要求较高，因此，练习者宜在体力充沛、精神饱满的时候进行训练。但敦煌拳中的技击运动要求人体在疲劳时也应具有良好的灵敏性，因此，也应适当在人体疲劳时进行一定数量的灵敏素质的练习。

（3）发展灵敏素质应在体力较好时进行锻炼，练习负荷强度要大，每次负荷持续时间不宜过长，重复次数也不宜太多，间歇时间要充分，以不产生疲劳为限度。

（4）灵敏素质是由大脑皮质神经活动过程的可塑性和灵活性所决定的，前者表现为对动作的掌握能力，后者表现为对参加运动肌群的控制、指挥能力。灵敏素质与复杂的运动反射速度及准确性密切相关，这要求练习者要有较强烈的欲望，要有明确的目标追求，减少不动脑筋的盲目重复练习。

（5）练习者应注重把灵敏素质与敦煌拳技战术有机结合进行练习，促使专项灵敏素质的发展。同时，由于灵敏素质是一种复合性素质，其基本特征是要求人体在各种复杂变换的条件下能够迅速、准确、协调地做出相应的动作，因此，练习者应经常进行与迅速、准确、协调等相关的基本素质的练习。

（6）灵敏素质应从小抓起，少儿年龄阶段是发展灵敏素质的关键时期。同时，在发展灵敏素质时，应加强心理素质培养，避免由于紧张和恐惧心理而导致反应迟钝，动作的协调性下降，影响正常动作的发挥。

（7）灵敏素质是一种综合素质，与力量、速度、协调等素质有密切关系，尤其是反应速度、动作速度、爆发力和协调性等对灵敏素质影响最大。因此，发展灵敏素质应从这些基本因素着手，可结合所锻炼项目的运动特点进行组合，设计切合自己实际的锻炼内容。

（四）速度素质训练的方法

速度素质是指身体快速运动的能力。敦煌拳运动对动作速度的要求很高，练习者有"拳似流星眼似电"等有关对速度要求的比喻。动作速度是指完成单个动作和若干个连续动作（组合动作）的速度。在实战中，手、腿、身、步的速度是取胜的关键，而且速度水平直接关系到技术水平的提高。敦煌拳动作速度训练的方法主要有以下几种。

1. 单个动作系列重复法

根据敦煌拳技术动作的速度表现形式，一般可分为屈伸速度（如一拳一腿的动作速度）、摆动速度（如各种抡拍掌或绕环动作）、旋转速度（如围绕身体纵轴或横轴的旋转动作）和转动速度（主要指步法移动速度）等，各类动作速度的提高，可分别通过专门的重复练习的方式，以达到最大速度，建立专项速度储备。练习时，一般选择主要的、典型的动作，在不破坏技术动作的前提下进行。发展速度的练习，要求用极限或接近极限的速度来完成每一次动作（或重复动作），并力求动作发力快、力点准，尽量缩短完成动作的时间。如以最快速度完成若干次抡拍、拍脚、踢腿等。

2. 条件刺激练习法

条件刺激，就是给练习者一个已知的信号，使其按信号改变练习的速度或节奏。教练员通常采用击掌、口令等给练习者提示，用第二信号系统来加强第一信号系统，使练习者加快完成动作速度，直到动作速度达到最大，以提高动作速度练习效果。

敦煌拳动作的速度，还表现在快速完成若干连贯动作的速度——组合速度。发展组合动作速度，要在熟练的基础上，从连贯能力入手，把突出动作紧凑和连贯快速的动作组合筛选出来进行速度练习，逐步缩短完成动作的时间，加快动作转换速度或加快完成技术动作的节奏。

3. 完善技术动作，提高动作速度

敦煌拳动作的速度，在很大程度上取决于完善的动作技术，运动员只有掌握正确合理的技术要领，建立良好的相应肌肉的运动感觉，使能量节省化，让肌肉紧张—放松交替，灵活快速，最大可能地减小肌肉工作的阻力，才能充分发挥已有的速度能力。因此，也可通过改进技术动作来提高运动员的快速能力。

（五）耐力素质训练的方法

耐力素质是指人体在长时间运动中克服疲劳、坚持活动的能力，或称抗疲劳的能力。敦煌拳运动要求练习者具备良好的耐力，如果缺乏必要的耐力素质，在套路演练和攻防格斗中很容易造成动作变形，影响动作的质量和技术的提高。

敦煌拳耐力训练的方法基本如下：

（1）一般耐力练习。可采用匀速持续跑的练习发展有氧耐力，也可采用变速持续跑等练习方法。

（2）专项耐力练习。可采用重复进行分段、整套和超套等训练方法。

（六）协调能力训练的方法

协调能力是人体各种机能的综合体现，表现在中枢神经系统支配各部协同一致的完成动作。敦煌拳运动是一种表现高、难、新、美的项目，对练习者的协调能力要求较高。如动作的上下肢协调配合；手、眼、身法、步协调自然；整体练习时内在的意、气、力和外在动作的协调配合等，从而达到内外高度完美的统一。

敦煌拳协调训练的方法基本如下：

（1）一般协调性练习。跳绳，游戏贴人，接力跑，左右交换腿跳，前后左右单、双脚跳和舞蹈、健美操等动作练习。

（2）专项协调性练习。先从简单的动作练习开始，明确动作的路线、要领。并通过进行慢动作的重复练习，集中注意力有意识地去体会动作的用力顺序，提高肌肉的协调能力，掌握合理的用力方法，然后再逐渐加快练习速度和掌握更多的技术动作。也可采用学练不同风格的技术和逐渐增大练习难度，以及通过变换节奏、速度的练习等方法，达到发展协调性的目的。

第二节　敦煌拳的心理素质训练

一、敦煌拳心理素质训练概述

敦煌拳训练是对人们实践技能的锻炼和发展，在活动中不仅要求人们要有目的、有意识地控制自身的身体活动，而且必须具有高度的注意力和观察力，否则无法完成动作。此外，敦煌拳还具有竞赛的特性，在变化复杂的竞赛中，要想战胜对手获得胜利，就必须具备快速接收和筛选有利信息的能力，必须有良好的发散性思维和集中性思维的能力以及丰富的想象力和创造力。因此，注重敦煌拳心理素质训练对于敦煌拳训练水平和技术能力的提高具有重要意义。

具体而言，敦煌拳心理素质训练是一种以生理为基础，有意识、有目的地使练习者获得适宜的心理能量储备，消除心理障碍，为保证其充分发挥敦煌拳技、战术水平，创造最佳训练效果的方法和手段。通过心理素质训练不仅能促进身心健康，培养勇敢顽强的优秀品质，改变心血管、呼吸和神经、肌肉的应激性和稳定性，同时能高度发展练习者的视觉、肌肉运动感觉、时间和空间知觉的分化、动作想象、思维能力和积极的情感体验。

敦煌拳运动的心理素质训练有以下基本要求：

其一，敦煌拳练习者经常伴有独特的情绪体验及复杂的情绪变化。这种"体验"和"变化"直接影响到训练效果的好坏。敦煌拳高难动作的成功可使人精神振奋，引起愉快的情感，这些情感有利于运动训练效果的提高。但疲劳状态下的训练或者技术动作改进不大、套路演练失误较多等常会引起消极的情绪经验，严重地影响训练效果。因此，只有加强目的教育，正确安排训练内容，有节奏地控制运动负荷，充分调动练习者的主观能动性和自觉性，才能促进健康情绪的产生和发展。

其二，敦煌拳训练要求练习者具有丰富的想象能力，这有助于深刻的理解动作的技击含义和动作的要领，摆脱机械模仿的弊端，创造性地提高运动质量，形成自己独特的风格。特别是敦煌拳套路，其组合和编排更需要练习者充分发挥创造能力，扬长避短、展示优势，使各种自选套路新颖、独特。因此，在敦煌拳教学和训练中，教练要积极培养练习者的思维活动，发展练习者丰富的想象能力。

其三，敦煌拳训练是艰苦的，敦煌拳运动记忆很重要。这是与敦煌拳项目的种类繁多、动作千变万化相关联的，要掌握敦煌拳各类动作，只有在正确识记各种动作、了解动作的基本要素及其技击变化特点的基础上才有可能。记忆动作不仅是掌握动作的姿势，而且深化到对动作劲道、节奏、精神、风格的理解和体验，这个过程需要通过各种手段和方法才能获得，练习者要付出极大的代价，没有顽强的意志品质是不可能实现的。这就要求敦煌拳练习者必须具备坚忍不拔、勇敢顽强的意志品质和克服困难的信心、决心。

此外，形成准确而清晰的时间和空间知觉对敦煌拳练习者也很重要。在完成各类敦煌拳套路（包括对练）时，练习者完成各类动作必须凭借视觉、动觉来辨别自身在场地上的空间位置和准备移动的方向，从而调节动作幅度和步法；要判断本身动作的节奏，有赖于练习者精确的时间知觉，它们是各种分析器官，特别是视觉、动觉分析器官协同活动的结果。

总而言之，敦煌拳的心理素质训练与技术训练、身体素质训练是具有同等地位的，在训练实践中，它们之间的关系是相辅相成，互相促进的。

二、敦煌拳心理素质训练的方法

敦煌拳心理素质训练的方法主要有以下几种：

（一）心理暗示

灵活而准确地运用心理暗示，是保证敦煌拳训练产生良好效果的心理条件之一。通过对过去成功经验和情境的体验，达到调控紧张和焦虑，稳定情绪，降低心理负担的目的，以促进练习者演练水平的发挥，从而提高训练效果。

（二）表象训练

表象训练，又称回忆技术动作的训练，是指在头脑中重现已经学过的技术动作形象。敦煌拳运动需要练习者有正确的、清晰的动作表象，有精确的时间感，准确的用力感，高度集中的注意力，神经过程的平衡与稳定，自控能力强。练习者掌握技术动作和完成套路演练的效果，与其相应的运动表象的清晰程度密切相关。而且，运动技能形成的过程，从运动心理学的角度出发，是运动表象建立、清晰、准确和完善的过程。练习者只有将清晰的运动表象同视觉、肌肉运动觉、平衡觉完美结合，机体对套路的直接调控才得以实现，进而达到自动化的程度。运动表象清晰、稳定的程度，直接影响着套路的演练质量与效果。

一般来说，运动表象主要是通过练习者观察、模仿教练对技术动作的示范、讲解并反复练习中逐步形成和发展起来的，因此，要求教练在练习者完成技术动作时反复给予语言提示，使其始终将注意力集中在动作的难点、重点或不太巩固熟练的技术细节上。同时要求练习者经常观摩高水平的技术动作，领悟技术内涵，形成准确的动作概念，使运动表象不断巩固和完善。

目前，随着现代武术套路运动向高、难、美、新的趋势发展，一方面对练习者潜力的发挥要求越来越高，另一方面对练习者心理负荷的要求也越来越高，因此，只有提高敦煌拳练习者的心理素质水平，才能在敦煌拳训练或比赛中承受压力，克服困难，发挥较高的水平。

（三）注意力集中的训练

注意力集中的训练，就是使练习者学会全神贯注于一个确定目标，不受任何外来刺激的影响和内心杂念所分散，始终把心理活动指向和集中于当前的活动任务上。敦煌拳练习者学会集中自己的注意力，对于完成训练和比赛任务是非常重要的。只有提高集中注意力的能力，才能促进认识的活动状态，提高情绪的兴奋水平，加强意志的努力程度，达到提高训练和竞赛效果的目的。下列一些方法，可供敦煌拳练习者选择使用。

1. 视觉守点法

选择一个固定的视觉目标，对其仔细观察几秒钟后，闭上眼睛努力回忆被观察对象的形象，如果回忆起来的形象某些地方还不太清楚，就睁开眼睛看看，然后再闭眼回忆，如此重复数次，直到十分清晰地回忆出被观察对象的形象为止。

2. 视觉追踪法

选择一个活动的物体作为视觉目标进行观察，如注视手表秒针的转动，先看一分钟，假如一分钟内注意力没有离开过秒针，再延长观察时间到两三分钟，等到确定了注意力不离秒针最长时间后，再按此时间重复三四次，每次间隔 1~15 秒，如果能持续注视 5 分钟而不转移注意力，就是较好的成绩。每天进行几次这种练习，经过一段时间后，便会有良好的效果。

3. 意 守 法

把注意力集中在所需要完成的动作或活动上去，不为外来刺激和内在因素所干扰。如在气氛热烈、紧张、嘈杂的情况下，集中注意于自己的动作要领，排除思想杂念的干扰，把注意力集中到运动器官的活动上去，尤其是要善于从焦虑的思考状态中把注意力转移到自身动作的感知上或集中于当前的活动上，也可以把自己的注意力集中于那些即将到来的活动任务上。

（四）通过积极性语言提高心理素质训练的水平

在敦煌拳基础训练中，针对少年儿童练习者普遍表现出好胜、不服输等心理特征，敦煌拳教练在训练过程中就需要多组织一些竞赛或安排一些游戏，寓训于乐，来提高少年儿童训练的积极性。教练员要尽可能多地使用一些鼓励性的语言，如"很好""不错""有进步""继续努力"等。在肯定其进步的前提下，指出存在的不足和缺点，并鼓励其加以改进。教练员在训练中应公平对待每一位队员，不能持有偏见。因为偏爱一旦形成，就会挫伤其他队员的训练积极性，不利于整体水平的提高。

（五）意志训练

意志行动的显著特点是与克服困难相联系，但任何困难都是相对的，在一定程度上取决于一个人动机的力量，如果人能够清楚地意识到自己行动的目的和动机，那么在行动中控制自己的动作就能起到决定性的作用，崇高而远大的社会动机，常能推动一个人动员自己的一切力量去与达到目的途中的各种困难作顽强不懈的斗争。因此，敦煌拳训练中要不断加强目的性教育，激发练习者的强烈愿望，提高他们的动机水平，使之精神焕发地投入到训练中去。

有时练习者有锻炼意志的强烈愿望，但不得其法，教练员应从方法上给予引导。如结合训练和比赛实践去分析意志品质与成功和失败的关系，鼓励和肯定进步，指出不足，引导练习者获得克服困难的决心和方法。当运动员在训练中遇到困难时，要帮助他们树立克服困难的信心。

（六）表情调节法

表情调节是指有意识地改变自己面部的表情和姿态。因为情绪状态与外部表情存在着密切而有机的联系，俗话说："情动于衷，而形于外。"情绪的产生会引起一系列生理过程的变化，并由此而引起面部表情、姿态的变化。例如，愉快时兴高采烈、笑容满面、手舞足蹈，愤怒时横眉竖目、咬牙切齿、紧握双拳，情绪低沉时垂头丧气、肌肉松弛、萎靡不振等。既然情绪状态与外部表情存在着密切而有机的联系，我们就可以通过改变外部表情的方法而相应地改变情绪状态。例如，当情绪紧张而感到焦虑时，可以有意识地放松面部肌肉，不要咬牙，或者用手轻搓面部，使面部肌肉有一种放松感。当心情沉重或情绪低落时，可以有意识地做出笑脸，强迫自己微笑，假使做不到，可以看看别人的笑脸，或者想一想自己过去最高兴的某件事，也可以想一想自己过去最得心应手的比赛情境，这些都可以用来调节自己的情绪状态。

第八章 敦煌拳的比赛规则与裁判

敦煌拳是中国传统的技击术，是民族传统体育，是中国优秀的传统文化，所以敦煌拳的竞赛规则不但具有传统性，而且还具有独特性。以下所述规则适用于全国及省、市、自治区各级敦煌拳套路的比赛。在竞赛性质、任务有特殊要求时，可在竞赛规程中作出相应规定。

第一节 竞赛组织机构

第一条 竞赛委员会

根据不同的比赛规模，可设立竞赛委员会、竞赛部或竞赛处。竞赛委员会由负责竞赛业务的行政人员组成，在大会组委会统一领导下，负责整个大会的竞赛组织工作。

第二条 竞赛监督委员会

一、竞赛监督委员会的定义

竞赛监督委员会为竞赛的监督机构。

二、竞赛监督委员会人员的组成

竞赛监督委员会由主任 1 人、副主任 1 人、委员 1～3 人组成。

三、竞赛委员会的职责

（一）监督、检查仲裁委员会、裁判员的工作。

（二）监督、检查参赛运动队的比赛行为。

（三）有权对违纪的仲裁人员、裁判人员和运动队的相关人员做出处罚。

（四）竞赛监督委员会不直接参与仲裁委员会和裁判人员职责范围内的工作，不干涉仲裁委员会、裁判人员正确履行自己的职责，不改变裁判人员、仲裁委员会的裁决结果。

第三条 仲裁委员会

一、仲裁委员会人员的组成

仲裁委员会由主任 1 人，副主任 1 人，委员 3～5 人组成。

二、仲裁委员会人员的职责

（一）接受运动队的申诉，并及时做出裁决，但不改变裁判的结果。

（二）仲裁委员会会议出席人员必须超过半数，表决时超过半数以上做出的决定方为有效。表决投票相等时，仲裁委员会主任有决定权。仲裁委员会成员不参加与本人所在单位有牵连问题的讨论与表决。

（三）仲裁委员会的裁决为最终裁决。

（四）仲裁委员会负责确定比赛时每场地仲裁录像机位置。

第四条　裁判工作人员的组成

一、裁判人员的组成

（一）总裁判长1人，副总裁判长1~2人。

（二）裁判组设裁判长1人，副裁判长1人；裁判员3~5人。根据竞赛的规模可设若干个裁判组。

（三）编排记录长1人。

（四）检录长1人。

二、辅助工作人员的组成（根据比赛规模，可适当增加或减少人员）

（一）竞赛电子系统操作人员每场地1~2人。

（二）编排记录员3~5人。

（三）检录员每场地2~3人。

（四）宣告员1~2人。

（五）放音员1~2人。

（六）摄像员每场地1~2人。

第五条　裁判员职责

一、总裁判长的职责

（一）组织领导各裁判组的工作，保证竞赛规则的执行，检查落实赛前各项准备工作。

（二）解释规则、规程，但无权修改规则、规程。

（三）在比赛过程中，根据比赛需要可调动裁判人员的工作，裁判人员发生严重错误时，有权处理。

（四）审核并宣布成绩，做好裁判工作总结。

二、副总裁判长的职责

（一）协助总裁判长的工作，并可重点负责竞赛中某一部分的工作。

（二）在总裁判长缺席时，代行其职责。

三、裁判长的职责

（一）组织本裁判组的业务学习和实施裁判工作。

（二）执行比赛中对套路时间不足或超出规定、重做、集体项目少于规定人数、配乐项目不合要求的扣分。

（三）经总裁判长同意，有权对不合理的运动员应得分进行调整，但无权更改裁判员的评分。

（四）裁判员发生严重的评判错误时，可向总裁判长建议给予相应的处理。

四、副裁判长的职责

协助裁判长进行工作；负责管理本场地检录组的工作，保证本组比赛有序进行。

五、裁判员的职责

（一）服从裁判长的领导，参加裁判学习，做好准备工作。

（二）认真执行规则，独立进行评分，并作好临场评分记录。

（三）负责运动员整套动作演练的评分。

六、编排记录长的职责

（一）负责编排记录组的全部工作，审查报名表，并根据大会要求编排秩序册。

（二）负责比赛现场评分记录的审核；如遇特殊情况，可根据总裁判长意见，现场进行有关上场组别、顺序的调整（含人员、项目的增加或删减）。

（三）准备比赛所需表格，审查核实比赛成绩及排列名次。

（四）采用电子竞赛计分系统时，须做好裁判组与电子竞赛系统操作组的协调工作，保证竞赛成绩无误。

（五）如遇同分时，按规则规定处理好成绩，确定名次。

（六）编排成绩册。

说明：

（1）竞赛分组。主要是对各个竞赛项目参赛的运动员进行分组，各项目 10 ～ 15 人一组，每一队的运动员最好分布在不同组中。

（2）编排原则。根据竞赛规程而定，一般应注意：

① 每场竞赛时间须基本相同。

② 每场竞赛中所进行的两个场地竞赛时间基本相同。

③ 同一时间的两个场地宜安排不同项目、不同组别的比赛。

④ 同一项目的比赛应尽量集中在一起比完，若参赛人数多，也应注意安排在第二天的同一时间、场地进行，中间不宜间隔，力求在同等条件下进行。

⑤ 每一名运动员在一场比赛中，最好只安排一项；若必须进行两项比赛，则应考虑有比较充足的间歇时间。

⑥ 每一项目比赛的第一出场者，力求分散到不同的队中，使各队机会尽量均等。

⑦ 每项比赛第一位出场者，力求分散到不同的运动队；如果一个运动员，出现两次以上第一个出场比赛的情况，应作适当调整。

（3）项目分类：

① 敦煌拳健身套路；

② 敦煌拳规定套路；

③ 敦煌拳自选套路；

④ 敦煌器械，包括单器械、双器械、长器械。

七、检录长的职责

（一）负责在赛前协调安排布置场地，落实各场地检录处的位置、运动员入场和退场的位置及标记。

（二）负责检录组的全部工作，及时与各裁判长沟通，如有变化及时报告总裁判长和宣告员。

第六条　辅助工作人员职责

一、编排记录员的职责

根据编排记录长分配的任务进行工作。

二、检录员的职责

（一）按照比赛顺序及时进行检录，将比赛运动员带入场后，向裁判长递交检录表。

（二）配合裁判长做好现场运动员上场的检录工作；负责多名运动员同时上场时的起势位置的确定。

（三）负责将完成比赛的运动员带出场地，保证场内竞赛秩序井然。

三、宣告员的职责

报告比赛成绩，介绍有关竞赛规程、规则、比赛规模、传统武术拳种及项目特点等知识。

四、放音员的职责

（一）在比赛第一次检录时，负责收取配乐项目音乐光碟，根据比赛出场顺序进行编号，保证配乐项目比赛顺利进行。

（二）运动员站在比赛场地 3～5 秒钟后，开始放音乐。

（三）比赛结束后，负责将音乐光碟归还运动队。

五、摄像员的职责

（一）对全部竞赛项目进行现场摄像。

（二）遵照仲裁委员会、竞赛监督委员会的要求，负责播放相关项目录像。

（三）全部录像均应按大会规定予以保留，并交付竞赛委员会制作光盘存档资料。

第二节　参赛人员

第一条　参赛人员及其规定

参赛人员包括参赛队的运动员、教练员、领队和随队医生。为确保大会的顺利进行，须遵守以下规定：

（一）参赛者应按规程中的规定按时报名。并遵守大会各项规定。

（二）参加大会组委会安排的领队会议（组委会）和教练员、裁判员联席会议，充分发表意见和提出质疑，一旦决定，严格遵照执行。

（三）参赛者应依据规则和规程公平竞争，履行武术礼仪，服从裁判，尊重对手。

（四）任何参赛人员不得在比赛期间对裁判人员施加影响和干扰，一经发现，由竞赛监督委员会予以严肃处理。

第二条 申诉

一、申诉受理的对象

仲裁委员会只受理运动队在比赛时裁判长对本队运动员的扣分有异议的申诉。

二、申诉程序

参赛队对裁判长扣分有异议时，必须在该场该项比赛结束后15分钟内，由该队领队或教练员向仲裁委员会以书面的形式提出申诉，同时交付申诉费。一次申诉仅限一项内容。仲裁委员会依据申诉内容进行认真审议，查看仲裁录像，如裁判长扣分正确，提出申诉的运动队必须坚决服从。如果因不服而无理纠缠，根据情节轻重，可由仲裁委员会建议竞赛监督委员会给予严肃处理，直至取消比赛成绩。如裁判长扣分错误，仲裁委员会提出申请，由竞赛监督委员会对裁判长进行处理，但不改变裁判结果，退回申诉费。裁决结果应及时通知有关各方。

第三节 竞赛通则

第一条 竞赛类型

一、按参赛个体分

（一）个人赛。

（二）团体赛。

（三）个人及团体赛。

二、按年龄分

（一）成年赛。

（二）青少年赛。

（三）儿童赛。

三、按内容分

（一）个人项目比赛。

（二）对练项目比赛。

（三）集体项目比赛。

（四）综合项目比赛。

第二条 竞赛和表演项目

一、竞赛项目

1. 敦煌拳的各种套路，包括单练的拳术、器械，对练和集体项目。

2. 敦煌拳健身拳操（功法）。

二、集体表演项目

以敦煌拳为主要内容，并具有一定艺术性的集体武术综艺表演项目。

第三条　竞赛年龄分组

（一）儿童组（A组）：12周岁以下。

（二）少年组（B组）：12～17周岁。

（三）青年组（C组）：18～39周岁。

（四）中年组（D组）：40～59周岁。

（五）老年组（E组）：60周岁以上（含60周岁）。

第四条　比赛顺序的确定

在竞赛监督委员会和总裁判长的监督下，由编排记录组运用计算机程序进行分组排序，确定项目比赛顺序和运动员上场顺序。

第五条　检录

运动员须在赛前30分钟到达指定地点报到，参加第一次检录，并检查服装和器械。赛前20分钟进行第二次检录，第三次检录时间为赛前10分钟。

第六条　礼仪

运动员听到上场点名时、完成比赛套路后和裁判长宣布最后得分时，应向裁判长行抱拳礼。

第七条　计时

运动员由静止姿势开始肢体动作，计时开始；运动员结束全套动作后并步站立，计时结束。

第八条　示分

运动员的比赛结果应公开示分。

第九条　弃权

不能按时参加检录与比赛者，按弃权论处。

第十条　兴奋剂检测

根据国际奥林匹克宪章的规定和国际奥委会的有关要求，进行兴奋剂检测。

第十一条　名次及等级奖项的评定

一、名次评定

（一）个人项目、对练项目名次。按比赛的成绩高低排列名次。得分最高者为该单项的第一名，次高者为第二名，依此类推。

（二）个人全能名次。根据规程规定，按各单项得分总和的多少进行评定，得分最多者为全能第一名，次多者为第二名，依次类推。

（三）集体项目名次。按得分最多者为该项的第一名，次多者为第二名，依次类推。

（四）团体名次。根据竞赛规程关于团体名次的确定办法进行评定。

二、得分相等的处理

（一）个人项目、对练项目得分相等的处理：

1. 两个无效分的平均值接近有效分的平均值者列前。

2. 两个无效分数的平均值高者列前。

3. 两个无效分数中，低无效分数高者列前。

4. 如仍相等，名次并列。

（二）个人全能得分相等时，以比赛中获单项第一名多者列前；如仍相等，则以获得第二名多者列前，依次类推；如获得所有名次均相等，则并列。

（三）集体项目得分相等时，按个人项目得分相等的处理办法处理。

（四）团体总分相等时，以全队获得单项第一名多者列前；如仍相等，则以获得第二名多者列前，依次类推；如获得单项名次均相等，则并列。

三、等级奖项评定

个人项目、对练项目、集体项目分别设一、二、三等奖。确定获奖等级的方法是各项最后得分多少排序，各奖项的比例由竞赛规程规定。

第十二条　集体表演项目奖项的评定

一、等级奖项评定

集体表演项目奖项设一、二、三等奖。确定获奖等级的方法是按得分的多少排序，各奖项的比例由竞赛规程规定。

二、特别奖项评定

集体表演项目也可设置其他特别奖项。集体表演项目设置的特别奖项由竞赛规程规定。

第十三条　套路完成时间的规定

一、个人项目和对练项目

完成套路时间不超过 1 分 30 秒（敦煌健身套路除外），运动员演练至 1 分半钟时，由裁判长鸣哨提示。

二、敦煌拳健身类项目

（一）敦煌拳健身项目完成套路时间为 3～5 分钟，运动员演练至 3 分 30 秒时，由裁判长鸣哨提示。

（二）敦煌拳健身器械项目完成套路时间为 2～3 分钟，运动员演练至 2 分钟时，由裁判长鸣哨提示。

（三）根据赛事规模，套路完成时间由竞赛规程规定。

三、集体项目

完成套路时间不超过 3 分钟。

四、集体敦煌拳综艺表演项目

完成套路时间不超过 3 分钟。

五、计时依据

运动员比赛时完成套路的时间以裁判组的秒表所计的时间为依据。运动员比赛时裁判组用 2 块秒表计时。当运动员完成套路的时间不符合有关规定，同时裁判组的 2 块秒表所计时间又不相同时，以较接近规定时间的 1 块秒表所计时间为准。

六、套路完成时间的设置

根据竞赛性质和竞赛内容的不同，可在规程中对完成套路时间作相应的规定。

第十四条　集体项目人数的规定

集体项目、敦煌拳健身操的人数不少于 4 人，集体表演项目人数不限或由规程规定。

第十五条　配乐

（一）配乐项目按规程规定执行。

（二）凡配乐项目必须使用纯音乐，音乐主题与套路主题相和谐。

（三）动作开始的前奏和动作结束后的音乐尾声，须控制在 15 秒以内；音乐须使用光盘或 MP3 播放器录制，比赛音乐须独立录制和备份。

（四）各代表队须在配乐项目比赛前第一次检录时，将本队音乐光盘或 MP3 播放器进行检录，交至放音员处，并配合放音员完成本队比赛音乐的播放。

第十六条　未完成套路

运动员未完成套路不予评分。

第十七条　重做

运动员因主客观原因造成比赛套路中断，可以申请重做一次。重做项目可安排在该类项目最后一名上场，若出现最后一名选手重做，则允许休息 5 分钟后上场。

第十八条　服装

（一）裁判员应穿统一的武术裁判服装。

（二）运动员可穿具有运动特色、项目特色、民族特色、时代特色的适合于敦煌拳运动的比赛服装和鞋。

（三）规程可以根据竞赛性质、内容，统一规定运动员的比赛服装。

第十九条　竞赛场地

（一）个人项目和对练项目的竞赛场地为长 14 米、宽 8 米，场地四周内沿应标明 5 厘米宽的白色边线，场地的长和宽均由边线的外沿开始计算。场地周围至少应有 2 米宽的安全区。在长边的中间，有长 30 厘米、宽 5 厘米的标线。

（二）集体项目的竞赛场地为长 14 米、宽 14 米，场地四周应标明 5 厘米宽的白色边线，场地的长和宽均由边线的外沿开始计算。场地周围至少应有 1 米宽的安全区。

（三）竞赛场地的地面空间高度不少于 8 米；两个场地之间的距离在 4 米以上；场地灯光垂直照度和水平照度应在规定范围之内。

（四）竞赛场地应有明显的场地编号标志；场地周围应设置仲裁录像机和电子示分屏的位置；场地一侧设置裁判席。所有设置均应保持与场地边线 2 米以上距离。

（五）裁判席右侧后方运动员临场处，应设置可坐 2～4 名运动员的临场席。

第二十条　比赛器械

可以使用任何武术器械或由规程规定的器械。

第二十一条　其他比赛设备

根据比赛规模大小和需要，配备摄像机、放像机、电视机和音响设备。

第四节 评分方法与标准

第一条 竞赛项目评分方法与标准

一、评分方法

各项比赛的满分为 10 分。

（一）裁判员根据运动员现场发挥的技术演练水平，与"等级评分的总体要求"相符程度，按照评分的等级标准，并与其他运动员进行比较，确定运动员等级分数。在此基础上，减去"其他错误"的扣分即为运动员的得分。裁判员评分可到小数点后 2 位数，尾数为 0~9。

注释：与其他运动员演练水平比较时，不考虑其他错误。

（二）应得分数的确定。3 名裁判员评分时，取 3 名裁判员评出的运动员得分的平均值为运动员的应得分；4 名裁判员评分时，取中间 2 名裁判员评出的运动员得分的平均值为运动员的应得分；5 名裁判员评分时，取中间 3 名裁判员评出的运动员得分的平均值为运动员的应得分。应得分可取到小数点后 2 位数，第 3 位数不做四舍五入。

（三）裁判长对评分的调整。当评分中出现明显不合理现象时，在示出运动员最后得分前，裁判长可调整运动员的应得分。裁判长调整分数范围为 0.01~0.05。如需调整更大幅度方可纠正明显不合理现象时，裁判长须经总裁判长同意，调整分数范围扩大为 0.05~0.1 分。

（四）最后得分的确定。裁判长从运动员的应得分中减去"裁判长的扣分"和加上"裁判长调整分"，即为运动员的最后得分。

注释：裁判长可同时进行"扣分"和"调整分"。

二、评分标准

（一）等级分的评分标准。

1. 技术演练综合评分标准：分为 3 档 9 级，其中：8.50~10.00 分为优秀；7.00~8.49 分为良好；5.00~6.99 分为一般，如表 8-1 所示。

表 8-1 等级评分标准

等 别		级 别	评分分值
优秀	上	①级	9.50 ~ 10.00
	中	②级	9.00 ~ 9.49
	下	③级	8.50 ~ 8.99
良好	上	④级	8.00 ~ 8.49
	中	⑤级	7.50 ~ 7.99
	下	⑥级	7.00 ~ 7.49
一般	上	⑦级	6.50 ~ 6.99
	中	⑧级	6.00 ~ 6.49
	下	⑨级	5.00 ~ 5.99

2. 等级评分的总体要求：

（1）运动员应表现出所演练的敦煌拳的技术和风格特点，动作规范、方法正确。

注释：裁判员对运动员动作完成姿势主要看手型、步型和身型；对动作运转过程主要看方法是否正确，如路线清楚、走势完整等。出现错误随时扣，明确记录所扣分数，扣分依据。

（2）劲力顺达，力点准确，通过运动员的肢体以及器械表现出该项目的力法特点；手、眼、身法、步配合协调，器械项目要求"身械"协调。

注释：劲力看力点；协调看手、眼、身法、步的配合，主要是身法和步法；精神看动作的配合和面部表情。

（3）节奏恰当，表现出该项目的节奏特点。

（4）结构严密，编排合理，整套动作均应与该项目的技术风格保持一致，具有传统性。

注释：结构是整套动作的组合与编排。结构是否合理、紧凑，衔接的是否顺畅巧妙以及起伏转折是否有明显的变化等。结构看重点动作的排列，看整套动作的空间变化。如场地的运用是否合理、均衡，是否充实而富于变化。

（5）对练项目要求动作内容充实，结构紧凑，动作逼真，风格突出，配合严密，攻防合理。

（6）集体项目要求队形整齐，应以该项目的技术为主要内容，突出敦煌拳的风格、特点，配合默契，动作协调一致，结构恰当，布局匀称，并富于一定的图案变化。

（7）配乐项目要求动作与音乐和谐一致，音乐的风格应和敦煌拳的技术风格相一致。

注释：比赛中某一项若不能在一个场次内比完，须牢记该场比赛中好、中、差三个档次的技术表现和得分情况，作为下一场次评分的参考依据。

（二）裁判员执行的其他错误内容及扣分标准，如表8-2所示。

表8-2　裁判员执行的其他错误内容及扣分标准

错误种类	错误内容及扣分标准		
	扣0.1分	扣0.2分	扣0.3分
服装、饰物影响动作	刀彩、剑穗掉地或缠身 服装开纽或撕裂 服饰、头饰掉地 鞋脱落		
器械触地、脱把、碰身、变形、折断、掉地	器械触地 器械脱把 器械碰（缠）身 器械弯曲变形		器械折断（含即将折断） 器械掉地
出界	身体任一部位触及线外地面		

错误种类	错误内容及扣分标准		
	扣0.1分	扣0.2分	扣0.3分
失去平衡	上体晃动、脚移动或跳动	手、肘、膝、足、器械的附加支撑	倒地（双手或肩、头、躯干、臀部触地）
遗忘	遗忘一次		
对练项目特殊错误	击打落空	误中对方	误伤对方

注：运动员在一次失误中若出现多种以上所列举的其他错误，累计扣分。

1. 遗忘：扣0.1分。

2. 出界：扣0.1分。

注释：运动员身体的任何一部分接触边线外地面都是出界。

3. 失去平衡：晃动、移动、跳动扣0.1分。

4. 器械、服装影响动作：扣0.1分。

5. 器械变形：扣0.1分。

6. 器械折断：扣0.3分。

7. 器械掉地：扣0.3分。

8. 附加支撑、倒地：扣0.3分。

9. 对练项目：击打动作落空，扣0.1分；误中对方，扣0.2分；误伤对方，扣0.3分。

10. 上列错误每出现一次，扣一次；在一个动作中，同时发生两种以上其他错误，应累计扣分。

注释1：出现明显错误（其他错误）应扣分，明确记录所扣分数、扣分依据。

注释2：其他错误不占运动员的10分分值。

注释3：在评分中应注意各类错误之间的区别，避免重复扣分，尤其应注意技术规格错误扣分与整体性技术错误扣分不能重复。如力点不准应在动作规格中扣分，而整套中劲力不足或动作僵硬，则应在整体性技术错误的第二栏目中扣分。

（三）裁判长执行的其他错误内容及扣分标准。

1. 完成套路时间超出规定。

（1）运动员完成套路时间，凡超出规定时间在5秒以内（含5秒）的扣0.1分，超出规定时间超过5秒、在10秒以内（含10秒）的，扣0.2分；超出规定时间达10秒以上的，扣0.3分，最多扣0.3分。

注释：除去敦煌拳健身套路、敦煌器械健身项目外的其他套路，时间的规定应为2秒钟为一扣分单位。

（2）运动员超出规定时间扣分已达0.3分时，裁判长应请运动员立即收势停止比赛。此种情况应视为运动员完成套路。

2. 运动员在规定套路比赛中，每漏做或多做一个完整动作，扣0.1分。

注释1：改变动作视为附加或漏做。

注释2：起势、收势不符；改变动作方向（敦煌拳健身套路为45°，其他为90°）而出现的附加、漏做，应按附加或漏做扣分。

3. 运动员因主观原因未完成套路，经裁判长同意可重做一次。运动员重做后，裁判长在其应得分的基础上，扣1分。运动员因客观原因未完成套路，可重做一次，不扣分。

注释1：因时间关系，裁判长要求停止比赛应注意少、漏动作的判罚。

注释2：遗忘、失误、器械损坏及临场受伤等重做一次，都为客观因素。

4. 集体项目的人数，少于竞赛规程规定的人数，每少1人，扣0.5分。

5. 配乐不符合竞赛规程规定者，扣0.1分。

6. 敦煌拳、械自选竞赛中出现B级或B级以上难度动作（符合敦煌拳屈肘叠腕、勾脚凸臀等拳艺特色），同一动作不能出现两次，加1分。

第二条 表演项目奖项的评定方法与标准

一、评分方法

表演项目的满分为10分。裁判员评分可到小数点后2位数，尾数为0~9。

二、评定标准

（一）技术演练综合评分标准。

分为3档9级，其中：8.50~10.00分为优秀；7.00~8.49分为良好；5.00~6.99分为尚可，如表8-1所示。

（二）表演项目等级评分的总体要求。

1. 以敦煌拳技术为主要内容，并能较好地吸收和融合其他艺术形式的元素。

2. 能较好地利用其他艺术的表现手法，来烘托敦煌拳的技术风格。

3. 结构严密、内容充实、技术熟练、配合默契、主题突出，富于时代气息，充分展现积极、健康、向上的精神风貌。

4. 音乐与主题和动作配合紧密、和谐流畅。

5. 富有创新意识。

第三条 最后得分的示分

（一）由裁判员将各自评出的运动员得分，示分后，再由裁判长示出最后得分。

（二）也可以由裁判员将各自评出的运动员得分，通过电脑传输给裁判长，再由裁判长示出最后得分。

第四条 其他

附1：场地示意图

全场比赛裁判席位图

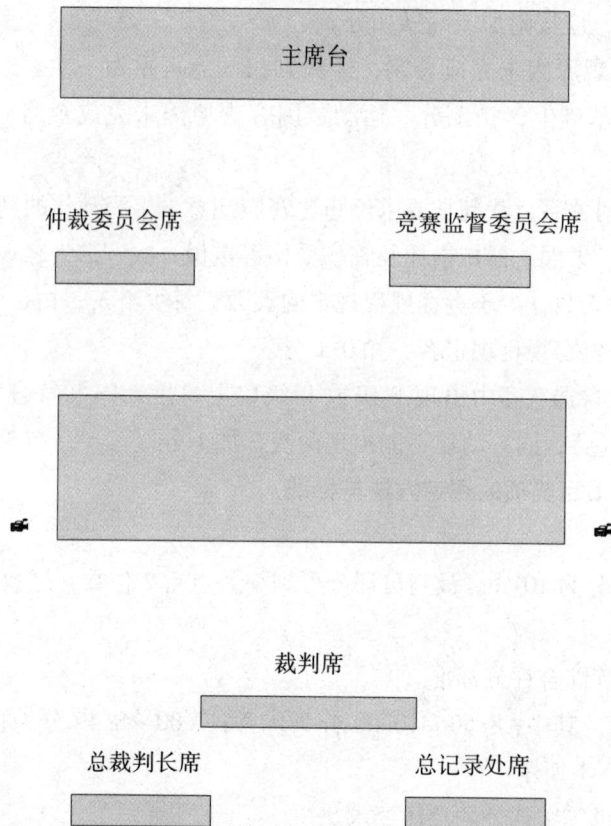

主席台

仲裁委员会席   竞赛监督委员会席

裁判席

总裁判长席   总记录处席

比赛时各组裁判员座位图

① ② ③   □ ★ △ ④ ⑤

说明：

裁判席在主席台对面，裁判员之间要有 50 厘米的间距。

①、②、③、④、⑤为裁判员席。

🎥 为仲裁摄像机位。

★ 为裁判长。

□ 为副裁判长。

△ 为记录员。

附2：敦煌拳比赛代表队人员信息报名表（一）

代表队名称			省区市		所属区域	□境内 □港澳台 □世界各国	队总人数	
代表队组织人联系方式（必填）	联系地址：				邮编：		电子邮箱：	
	联系人：		手机：		固定电话（加区号）：		传真：	
	QQ号：							

参　赛　人　员　信　息

序号	姓名	身份	性别	身份证号	中国武协会员证号码	委托保险	本人手机号	备注
1								
2								
3								
4								
5								
6								
7								
8								
9								
10								
11								
12								
13								
14								
15								

注：1. 填报顺序：先填写参赛运动员，后填写领队、教练、队医等随队人员等。
　　2. 身份填写为：运动员、领队、教练、队医。

签名和盖章：

年　　　月　　　日

附3：敦煌拳比赛代表队人员信息报名表（二）

代表队全称（盖章）：_____ 代表队简称（用8个以内

汉字简写）：_____

领队（姓名和性别）：_____ 移动电话：_____

教练（姓名和性别）：_____ 移动电话：_____

序号	姓名	性别	组别	出生年月	参赛项目								
					敦煌拳类			器械类			对练		集体项目
					规定拳	健身拳	自选拳	单器械	双器械	软器械	项目名称	运动员姓名	
1													
2													
3													
4													
5													
6													
7													
8													
9													
10													
11													
12													

注：请在拳类、器械类、集体项目栏内填写套路具体名称、对练项目栏内填写具体项目名称和陪练运动员的姓名。

附4：敦煌拳比赛参赛代表队统计表

序号	代表队		队数	领队	教练	队医	随队	运动员			人员合计	项目数				项目合计
	区域	团队名称						男	女	小计		拳术	器械	对练	集体	

附5：敦煌拳比赛各类项目参赛人数统计表

序号	项目类	女子各年龄组各类项目参赛人数					男子各年龄组各类项目参赛人数					参赛总人数
		FA	FB	FC	FD	FE	MA	MB	MC	MD	ME	

附6：敦煌拳套路竞赛裁判员评分记录表

项目：　　　　　　　　　　　　　　　　　　月　　　日　　　场　　　组

上场顺序	评分记录		应得分	最后得分
	等级评分	其他错误内容扣分		

第_____号裁判员（签名）：_____

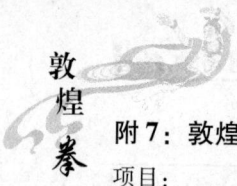

附7：敦煌拳套路竞赛裁判长评分记录表

项目：＿＿＿＿＿＿　　　　　　月＿＿日＿＿午（晚）第＿＿场第＿＿组

序号	姓名	单位	年龄组别	完成时间	裁判员评分					应得分数	裁判长扣分	裁判长调整分	最后得分
					裁判员评分记录								
					1	2	3	4	5				

裁判长：　　　　　　　　　　　　临场记录员：

附8：敦煌拳比赛个人项目、对练项目成绩表

性别＿＿＿＿＿＿组别＿＿＿＿项目类＿＿＿＿＿第＿＿＿＿场地　第＿＿＿＿组
　　　　年＿＿月＿＿日＿＿时

序号	运动员编号	姓名	队名	项目名称	成绩	名次/等级

总裁判长：　　　　　　　　　　　　　　　　编排记录长：

附9：敦煌拳比赛集体项目成绩表

第_____场地　第_____组

　　　　年　　　月　　　日　　　时

序号	单位编码	队　名	项目名称	成　　绩	名次/等级

　　总裁判长：　　　　　　　　　　　　　　　　　　　编排记录长：

附10：敦煌拳比赛个人全能成绩表

性别_____组别_____

　　　　年　　　月　　　日　　　时

序号	运动员编码	姓名	队名	项目1	成绩1	项目2	成绩2	项目3	成绩3	全能总分	名次/等级

　　总裁判长：　　　　　　　　　　　　　　　　　　　编排记录长：

附 11：敦煌拳比赛团体总分成绩表

序号	单位	全能选手1	成绩1	全能选手2	成绩2	全能选手3	成绩3	全能选手4	成绩4	全能选手5	成绩5	全能选手6	成绩6	团体总分	名次/等级

总裁判长：   编排记录长：

附12：敦煌拳比赛责任声明书

运动员姓名：_____　身份证号码：_____

请各位运动员阅读，了解并同意遵守下列事项：

1. 清楚了解，任何意外伤亡事故，参赛运动员必须负完全的责任；

2. 主办和承办方对在比赛时所发生的任何意外事故及灾难，不承担任何责任；

3. 参赛运动员保证没有摄取任何药物（兴奋剂）或毒品；

4. 参赛运动员保证没有参与或涉嫌任何非法活动；

5. 参赛运动员保证在身体上及精神上是健康健全者，适合参加竞技比赛；

6. 参赛运动员须自行保管个人财物与贵重物品，在赛场内所发生的任何遗失、偷窃或损坏事件，主办方和承办方不承担任何责任；

7. 清楚了解承办单位在赛事中提供的有关医疗救援的一切措施，是最基本的急救方法；在急救时所发生的一切意外事故，责任均由参赛运动员承担；

8. 参赛运动员同意以及遵守由中国武术协会制定的一切有关赛事规则、规程，如有任何异议，均须遵守大会之仲裁条例进行；

9. 参赛运动员对于一切活动包括练习、比赛等，可能被拍摄、录像或电视现场直播，同意由中国武术协会以全部或部分形式，在无任何条件限制下，使用本人的姓名、地址、声音、动作、图形以及转载资料，以电视、电台、录像、媒体图样、或任何媒介设备，乃至今后有所需要的时候，本人不做任何追讨及赔偿。

本人在此签字承认，同意及确定我已经阅读，明确了解并同意遵守以上所列的所有条款/事项：

申请人姓名：　　　　　　　　家长（监护人）的姓名：

签名/日期　　　　　　　　　签名/日期

（未满18岁的运动员请由家长签名）

见证人（代表队负责人）：_____

　　　　　　　　（见证人签名并注明日期）

注：本声明每人一份，独立填写。

参考文献

［1］《中国武术百科全书》编撰委员会. 中国武术百科全书［M］. 北京：中国大百科全书出版社，1998.

［2］江百龙. 武术运动丛论［M］. 武汉：湖北科学技术出版社，2008.

［3］国家体委武术研究院. 中国武术史［M］. 北京：人民体育出版社，1996.

［4］乔凤杰. 中华武术与传统文化［M］. 北京：社会科学文献出版社，2006.

［5］贾亮，黎桂花，金龙. 武术传统文化与实用套路解析［M］. 北京：中国商务出版社，2008.

［6］闫洪涛，左文泉，潘志国. 武术的文化底蕴与运动原理［M］. 西安：西安地图出版社，2009.

［7］方哲红. 民族传统体育教学与训练［M］. 北京：北京体育大学出版社，2010.

［8］于洪波. 武术基础［M］. 哈尔滨：哈尔滨工程大学出版社，2007.

［9］刘俊骧. 武术文化与修身［M］. 北京：中央编译出版社，2008.

［10］邱丕相. 中国武术文化散论［M］. 上海：上海人民出版社，2007.

［11］吴志勇. 健身武术［M］. 武汉：湖北科学技术出版社，2007.

［12］李重申. 敦煌古代体育文化［M］. 兰州：甘肃人民出版社，2000.

［13］陈青. 异葩奇放——谈敦煌武术的历史文化背景［J］. 中华武术，1994（1）：31 – 21.

［14］陈青，黄雪松. 莫高窟笔画中的敦煌武术［J］. 丝绸之路，1994（2）.

［15］李金梅，刘传绪，李重申. 敦煌传统文化与武术［J］. 敦煌研究，1995（2）：194 – 202.

［16］李金梅，路志峻. 敦煌莫高窟 303 窟和 61 窟壁画的武术考论［J］. 体育文史，2001（2）：42 – 43.

［17］李重申，李金梅，李小惠，李小唐. 敦煌莫高石窟与角抵［J］. 体育文化导刊，2002（1）：88 – 91.

［18］段小强，陈康. 敦煌武术史料考略［J］. 敦煌研究，2004（1）：89 – 92.

［19］陈康. 敦煌体育研究［M］. 北京：中国社会科学出版社，2012.